Die Legitimität des Strafrechts und der *moralische Staat*

Frankfurter kriminalwissenschaftliche Studien

Bd./Vol. 93

PETER LANG
Frankfurt am Main · Berlin · Bern · Bruxelles · New York · Oxford · Wien

Marcus Bastelberger

Die Legitimität des Strafrechts und der *moralische Staat*

Utilitaristische und retributivistische Strafrechtsbegründung und die rechtliche Verfassung der Freiheit

PETER LANG
Europäischer Verlag der Wissenschaften

Bibliografische Information Der Deutschen Bibliothek
Die Deutsche Bibliothek verzeichnet diese Publikation in der Deutschen Nationalbibliografie; detaillierte bibliografische Daten sind im Internet über <http://dnb.ddb.de> abrufbar.

Zugl.: Frankfurt (Main), Univ., Diss., 2005

D 30
ISSN 0170-6918
ISBN 978-3-631-55008-3

www.peterlang.de

Wenn es so ist, daß wir nur einen kleinen Teil von dem leben können, was in uns ist – was geschieht mit dem Rest?
Pascal Mercier, Nachtzug nach Lissabon

Für meine Frau Susanne

Inhaltsverzeichnis

1. Die Begriffe Verbrechen und Strafe

1.1 Verbrechen und Recht

Wenn der Gesetzgeber von der politisch interessierten Öffentlichkeit angesichts moralisch empörender Taten zu verschärften Sanktionen durch das Strafrecht aufgefordert wird, so wird es kaum je zu einem Problem, ob die moralisch zu verurteilende Tat mit einem Verbrechen gleichzusetzen ist. Jenseits moral- und rechtsphilosophischer Überlegungen wird meist keine Notwendigkeit dafür gesehen, zwischen der intuitiv erkannten ‚bösen' Tat und der durch das Recht zu sanktionierenden Tat zu unterscheiden. Das ‚Böse' nach der moralischen Einsicht ist nach dieser Auffassung eo ipso das ‚Böse' nach seiner rechtlichen Qualifikation.

In der pluralistischen Gesellschaft der Moderne besteht jedoch eine wichtige Funktion des Rechts darin, zwischen dem Verbrechen als der unter dem Recht mit Strafe bedrohten Tat und der ‚bösen' Tat unter moralischen Gesichtspunkten zu unterscheiden. Anders könnten die divergierenden moralischen Perspektiven nicht miteinander leben, und anders könnten diese Perspektiven sich nicht auf ein alle verpflichtendes und mit Sanktionen ausgestattetes Recht einigen. Nur wenn die heterogenen Perspektiven zwischen ihrem moralischen Urteil, in dem sie voneinander abweichen, und dem rechtlichen Urteil, in dem sie durch die Rechtssetzung im demokratischen Rechtsstaat untereinander übereinstimmen, differenzieren können, wird das Recht als die Regelung des Zusammenlebens von Menschen möglich, die unter moralischen Gesichtspunkten unter sehr unterschiedlichen Regeln ihr Leben führen mögen.

Unter einer rein gesetzestechnischen Perspektive ist als »Verbrechen« ein Spezialfall rechtswidriger bzw. straftatbestandserfüllender Taten aufzufassen. Diese abstrakt-generalisierende Methode bestimmt einen engeren Verbrechensbegriff im rechtstechnischen Sinn. In einem weiteren Sinn ist davon im Zusammenhang des Strafrechts das Delikt bzw. die Straftat generell zu unterscheiden, also die tatbestandsmäßige, rechtswidrige und schuldhafte Handlung.

Man kann in beiden Fällen von einer strafgesetzlichen Definition des Begriffes »Verbrechen« sprechen, derzufolge Verbrechen bestimmt wird als Verhalten, das durch Strafgesetz verboten ist. Dieser »positive« Verbrechensbegriff hebt sich nach seinen Kriterien generell von einem »kriminologischen« Begriff ab, der als Versuch einer »materiellen« Verbrechensbestimmung von der historischen, politischen und kulturellen Relativität der Strafrechtsnormen und der Strafrechtsdogmatik unabhängig sein soll. Allerdings ist es kontrovers, ob ein materieller Verbrechensbegriff tatsächlich völlig unabhängig von dem jeweils geltenden positiven Normensystem zu formulieren ist.[1] Dies ergibt sich schon aus der Definition der Kriminologie als der geordneten Gesamtheit des Erfahrungswissens über das Verbrechen, den Rechtsbrecher, die negativ soziale Auffälligkeit und über die Kontrolle dieses Verhaltens.[2] Die Kriminologie ist vom strafrechtlichen Verbrechensbegriff also zumindest teilweise abhängig, als sie als Erfahrungswissenschaft die tatsächlichen Erscheinungen zum Gegenstand ihrer Forschungen macht und sich deshalb ihren Grundbegriff von anderen Wissenschaften bzw. von positiven Setzungen (wie z.B. dem Strafrecht) vorgeben lassen muß, um mit ihrer empirischen Tätigkeit beginnen zu können.[3]

Jenseits einer gesetzestechnischen bzw. positiv-rechtlichen und einer kriminologisch-erfahrungswissenschaftlichen Perspektive können die Begriffe »Verbrechen« oder »Kriminalität« dagegen unter einer bestimmten Perspektive als „unerträgliche Abstraktionen" betrachtet werden,[4] indem sie in Wahrheit eine Fülle heterogener Erscheinungen zusammenfassen. Unter den gemeinsamen Begriff des »Verbrechens« werden diese Phänomene dann durch ein bestimmtes Kriterium gebracht, das auch als eine spezielle Perspektive aufgefaßt werden kann, aus der sich das Verschiedene als Einheit darstellt. Dabei müssen jedoch weitreichende philosophische, anthropologische oder ideologische Vorentscheidungen getroffen werden, die der jeweiligen einheitsstiftenden Perspektive selbst ihre Begründung verschaffen.

Eine solche Perspektive kann etwa die naturrechtlich-ethische Definition einnehmen, indem sie davon ausgeht, daß es Erscheinungen gibt, die als „natürliche Verbrechen" in jeder zivilisierten Gesellschaft als »kriminell« beurteilt werden. Dem Grundgedanken eines solchen Wertobjektivismus zufolge gibt es also Kriminalität unabhängig von Raum und Zeit und damit unabhängig von der Struktur eines Gesellschaftssystems. Die einheitsstiftende Perspektive auf den Begriff des Verbrechens kann jedoch auch durch eine soziale Definition eingenommen werden, derzufolge der Verbrechensbegriff durch die Antisozialität, die Sozialgefährlichkeit und die Sozialschädlichkeit eines bestimmten Verhaltens erfüllt wird.[5] Die eingangs erwähnte positiv-rechtliche Perspektive kann mit der sozia-

---

1 Vgl. G. Kaiser, Kriminologie, Heidelberg 1993, § 14,2.

2 G. Kaiser, Kriminologie, Heidelberg 1993, § 1; sowie U. Eisenberg, Kriminologie, Köln 1995 § 1 Rn. 10 f.

3 Vgl. näher zum Verhältnis von Kriminologie und Strafrecht U. Neumann/U. Schroth, Neuere Theorien von Kriminalität und Strafe, Darmstadt 1980, S. 120 ff.

4 H.J. Schneider, Einführung in die Kriminologie, Berlin/New York 1993, S. 31

5 A. Mergen, Kriminologie, München 1995

len Definition zu einer strafgesetzlich-sozialen Perspektive verbunden werden, unter der die als Verbrechen zu benennenden Phänomene als solche schwerwiegenden antisozialen Handlungen angesehen werden, auf die der Staat mit Strafen oder anderen Maßregelungen reagiert.[6] »Verbrechen« wird so durch die zwei Kriterien Sozialabweichung *und* staatliche Sanktion definiert.

Unter der Perspektive der Konfliktkonzeption können Phänomene als Verbrechen bezeichnet werden, wenn sie eine Nichtanpassung darstellen, die einen Konflikt zwischen einem Individuum bzw. einer sozialen Gruppe und der Gesellschaft repräsentiert. Eine Handlung ist in diesem Sinne ein Verbrechen, wenn sie von den Teilen der Gesellschaft als sozialschädlich angesehen wird, die über genügend Macht verfügen, um diese Ansicht durch strafgesetzliche Regelungen durchzusetzen.[7] Ein Spezialfall dieser Perspektive ist die marxistische Definition, derzufolge die herrschende Klasse eine Ideologie des Verbrechens benötigt, um ihre Herrschaft zu sichern. Als weiterer Spezialfall kann eine psycho- bzw. soziodynamische Perspektive gelten, wonach die Charakterisierung einer bestimmten Handlung als Verbrechen davon abhängt, ob die Menschen in der Überzahl sind, die sich des Strafrechts zu ihrem Schutz bzw. zum Schutz ihrer Vorstellungen vom gesellschaftlichen Zusammenleben bedienen, oder diejenigen, die im Übertreten von Verhaltensregeln einen Vorteil für sich sehen.[8]

Die Thematisierung des Begriffs des Verbrechens im Zusammenhang mit dem Recht unterscheidet sich von ethischen oder sozialpsychologischen Konzeptualisierungen insbesondere durch den Komplementärbegriff der Strafe. Dies gilt für positiv-rechtliche Definitionen ebenso wie für kriminologische. Dann muß aber auch der Begriff der Strafe in jene Ausbildung von Perspektiven gehören, von denen aus eine Fülle heterogener Erscheinungen unter den gemeinsamen Begriff des »Verbrechens« gebracht werden. In dieser Komplementarität konstituieren die Perspektiven, unter denen Handlungen als Verbrechen definiert und Sanktionen bei ihrer Ausführung festgelegt werden, was rechtswidrige Taten sind, die den Grundbegriff des Strafrechts darstellen. Solche Perspektiven lassen sich für den Begriff der Strafe in den verschiedenen Straftheorien finden. Diese Theorien lassen sich generell einteilen in absolute bzw. Gerechtigkeitstheorien, relative bzw. Zwecktheorien sowie absolute und relative Straftheorien kombinierende Vereinigungstheorien.[9]

Nach der absoluten Straftheorie in Form von Vergeltungs- und Sühnetheorie wird das Verbrechen als eine Erscheinung definiert, die ohne Berücksichtigung

---

6 Zuerst bei W.A. Bonger, An Introduction to Criminology, London 1936.

7 Zuerst bei J.L. Gillin, Criminology and Penelogy, Westport/Conn. 1945.

8 Zuerst bei H. v. Hentig, Crime: Causes and Condition, New York/London 1947.

9 Vgl. Baumann/Weber/Mitsch, Strafrecht. Allgemeiner Teil, 1995, § 3 Rn. 24-67; Jacobs, Strafrecht. Allgemeiner Teil, 1991, 1. Abschn. Rn. 4-52.

ihrer Folgen und ohne Bezug auf einen sozialen Zusammenhang die Notwendigkeit ihrer Sanktionierung in sich trägt.[10] Das Verbrechen wird als eine Handlung angesehen, die absolut und an sich besteht und der ihre Strafbarkeit in der Form von Vergeltung bzw. Sühne ebenso absolut und an sich zukommt („punitur, quia peccatum est"). Nach den relativen Straftheorien dagegen werden Handlungen als Verbrechen definiert, indem sie in soziale Zweck-Mittel-Zusammenhänge eingeordnet werden, wobei es prinzipiell nicht darauf ankommt, ob durch die Strafandrohung eine negative oder eine positive Generalprävention – also eine Abschreckung auf potentielle Straftäter oder eine Stabilisierung des Rechtsbewußtseins – angestrebt wird, oder ob durch Spezialprävention bestimmte Täter davon abgehalten werden sollen, künftig Straftaten zu begehen („punitur, ne peccetur"). Wenn der Sinn der Strafe auf diese Weise nicht in der Handlung selbst und an sich gesehen wird, sondern in ihrem Zweck der Verhaltensänderung, so werden die als Verbrechen definierten Handlungen damit ebenfalls nur in ihrer Bezüglichkeit auf sozial oder ethisch begründete Werte aufgefaßt; sie erscheinen also als Verbrechen nur aufgrund ihrer Wirkungen.

1.2 Verbrechen und Strafe als Institution

Wenn der definitorische Zusammenhang von Verbrechensbegriffen und Straftheorien Handlungen auf ganz verschiedene Weisen als Verbrechen bestimmt, so bedeutet dies zum einen, daß »Verbrechen« als perspektivisches Konstrukt aufgefaßt werden kann, das nicht durch die »Sache selbst« bestimmt ist, sondern durch die spezifische Perspektive, aus der sie begrifflich und theoretisch wahrgenommen wird. Die rechtssoziologische Reflexion muß dann auch anhand der Frage nach dem Zusammenhang von Definition und Institutionalisierung von Handlungen als »Verbrechen« durchgeführt werden. Als Definition ist diese Institutionalisierung aber eine Unterbrechung des gesellschaftlichen Handlungszusammenhangs, aus dem einzelne Handlungen unter dem Titel »Verbrechen« herausgelöst werden. Gleichzeitig werden solche Handlungen jedoch in einem neuen System »Strafrecht« zusammengefaßt, das in sich wiederum differenziert ist, etwa in Rechtssetzung, Ermittlung, Justiz (wiederum differenziert in Anklage, Verteidigung und richterliche Entscheidungsbefugnis) und Strafvollzug.

Die Institutionalisierung von »Verbrechen« im definitorischen Zusammenhang von Verbrechensbegriffen und Straftheorien bedeutet für die rechtssoziologische Reflexion zum zweiten, daß dieser »konstruktive« Charakter der straf-

10 Zur Einteilung der Straftheorien in absolute und relative vgl. U. Neumann/U. Schroth, Neuere Theorien von Kriminalität und Strafe, Darmstadt 1980, S. 4 ff.

rechtlichen Begründung als solcher zum Thema werden muß. Damit gewinnt aber auch die Rechtssoziologie einen selbstreflexiven Charakter, indem ihr eigener Gegenstand nicht mehr als vorgegebener erscheint, sondern in einem auch rechtssoziologisch beschreibbaren Prozeß erst konstituiert zu verstehen ist. Zum dritten ergibt sich daraus die Frage nach Zweck und Funktion einer definitorischen Institutionalisierung von Verbrechen und Strafe in einem speziellen Handlungssystem, das als »Strafrecht« eine weitere Ausdifferenzierung des Rechtssystems darstellt. Für die Untersuchung dieser Fragen stellt die struktur-funktionalistische Systemtheorie Niklas Luhmanns einen begrifflichen und theoretischen Ansatz bereit, der bereits von Luhmann selbst explizit für rechtssoziologische Themen eingesetzt wurde.

N. Luhmann faßt soziale Institutionalisierungen ebenso wie Organisationen als auf Zeit invariant strukturierte Einheiten auf, die sich in einer komplexen und veränderlichen Umwelt durch Stabilisierung einer Innen-/Außendifferenz erhalten. Die Erhaltung einer Organisation stellt demzufolge eine Ordnungsleistung dar, die das System »Organisation« im Verhältnis zu seiner Umwelt vollbringt.[11] Deshalb kann das Verhältnis zwischen Organisation und Umwelt auch durch den Begriff der Komplexität formuliert werden: „Komplexität ist dann nicht einfach nur die Menge der strukturell ermöglichten Relationen, sondern deren Selektivität; auch nicht nur ein (empirisch gesicherter) Erkenntniszusammenhang zwischen den Variablen Größe und Strukturiertheit, sondern die Relation zwischen positiver Bestimmung der Größe und negativer Bestimmung des Ausscheidungseffekts der Struktur. Die Komplexität hat ihre Einheit also in der Form einer *Relation*: in der Relation wechselseitiger Ermöglichung von Elementmengen und reduktiven Ordnungen.“[12] Komplexität bedeutet die Gesamtheit möglicher Ereignisse bzw. der möglichen Zustände. Eine Organisation ist dadurch gekennzeichnet, daß sie mehr Zustände ausschließt, als die Umgebung dieses Systems annehmen kann. Das System »Organisation« weist also stets eine geringere Komplexität auf als seine Umwelt. System- bzw. Organisationsbildung „besteht mithin in der Stabilisierung relativ invarianter und auf die Umwelt bezogener Sinnstrukturen, die Komplexität reduzieren oder doch die Reduktion von Komplexität durch konkretes Verhalten erleichtern können.“[13] Seine Identität gewinnt eine Organisation durch die besondere Weise ihrer Reduktion von Komplexität.[14]

11 Vgl. N. Luhmann, Zweckbegriff und Systemrationalität, Tübingen 1973, S. 117 ff.

12 N. Luhmann, Komplexität, in: ders., Soziologische Aufklärung 2, Opladen 1975, S. 204-220, S. 207

13 N. Luhmann, Zweckbegriff und Systemrationalität, Tübingen 1973, S. 178

14 Vgl. N. Luhmann, Wirtschaft als soziales System, in: ders., Soziologische Aufklärung 1, Köln/Opladen 1970, S. 204-231, S. 205.

Damit eine Organisation sich in einer komplexen Umwelt erhalten kann, muß sie selbst hinreichend viele Zustände annehmen können, um sich an die Ereignisvariationen dieser Umwelt anpassen zu können. Ihre Eigenkomplexität muß also ausreichen, um auf Umweltveränderungen mit geeigneten systemerhaltenden Verhaltensänderungen reagieren zu können. Diese Bedingung kann durch Ashbys Gesetz der erforderlichen Varietät formuliert werden: „Only variety can destroy variety."[15]

Die zentrale Aufgabe einer Organisation kann demzufolge als die Ausarbeitung von Strategien zur Bewältigung von Komplexität im Sinne eines Varietätsengineering verstanden werden. Bei zunehmender Umweltkomplexität kann eine solche Aufgabe nicht mehr mit unveränderbaren Strukturen der Informationsverarbeitung und der Entscheidungsbildung gelöst werden. Der Rationalitätsstil der modernen, hochkomplexen Gesellschaft verlangt die Fähigkeit, hohe Beliebigkeit und hohe Spezifikation kombinieren zu können.[16] Das gleiche gilt für die zunehmende Binnenkomplexität, der sich rechtliche Institutionsbildungen heute gegenübergestellt sehen. Mit der Erhöhung der Binnenkomplexität schafft eine Organisation sich selektionsschärfere Strukturen. Damit nimmt allerdings auch die Abhängigkeit von der eigenen Geschichte zu und das System kann sich in seiner eigenen Geschichte »festwachsen«.[17] Allgemein gilt in einer solchen Situation der Zusammenhang, daß ein System zunehmende Eigenkomplexität nur um den Preis einer zunehmenden Abstraktheit und Allgemeinheit seiner Strukturen und Regeln erreichen kann. Je abstrakter die Strukturen sind, „desto größer ist die normativ gesicherte Aktionsfreiheit der Teilsysteme und desto umfangreicher sind ihre Chancen, Spontaneität zu entfalten, da ihr Möglichkeitsbereich weiter ist und sie erwarten können, vor Eingriffen aus der natürlichen und sozialen Umwelt in ihrem Freiraum geschützt zu sein."[18]

Die Anforderungen an ein Steuerungssystem, das durch die Institutionalisierung von Verbrechen und Strafe in den gesellschaftlichen Handlungszusammenhang eingreift, ergeben sich damit aus dem Abstraktionsgrad der systemimmanenten Möglichkeiten. Darüber hinaus ist der Freiheitsgrad eines Systems bezüglich seiner Verhaltensmöglichkeiten jedoch umso größer, je abstrakter die Einschränkungen der Variabilität der Systemstrukturen sind. Daraus ergibt sich, daß die Anforderungen an die Kompetenz und die Kapazität der systeminternen Steuerung umso größer werden, je abstrakter diese Variabilitätseinschränkungen

---

15 R. Ashby, An Introduction to Cybernetics, London 1961, S. 207

16 Vgl. N. Luhmann, Systemtheorie, Evolutionstheorie und Kommunikationstheorie, in: ders., Soziologische Aufklärung 2, Opladen 1975, S. 193-203, S. 200 f.

17 Vgl. N. Luhmann, Komplexität, in: ders., Soziologische Aufklärung 2, Opladen 1975, S. 204-220, S. 207.

18 J. Röpke, Die Strategie der Innovation, Tübingen 1977, S. 59

sind. Insbesondere kommt es dabei darauf an, eine reduzierte Varietät nicht unwiederbringlich zu vernichten, sondern die Fähigkeit zu behalten, die reduzierte Varietät wieder generieren zu können.[19]

Hier bietet sich die Reformulierung der Thesen N. Luhmanns über Sinn als Mittel von Komplexitätsreduktion im Hinblick auf Sinn als Ressource an.[20] Sinn ist nach N. Luhmann eine bestimmte Form, selektive Erlebnisverarbeitung zu regulieren. Mit Hilfe von sinnhafter Komplexitätsreduktion wird Komplexität nicht vernichtet, sondern nur »ausgeklammert«: das Besondere sinnhafter Erlebnisverarbeitung liegt darin, „Reduktion *und* Erhaltung von Komplexität zugleich zu ermöglichen, nämlich eine Form von Selektion zu gewährleisten, die verhindert, daß die Welt im Akt der Determination des Erlebens auf nur einen Bewußtseinsinhalt zusammenschrumpft und darin verschwindet."[21]

Sinnerleben kann eine solche Reduktion bei gleichzeitiger Erhaltung von Komplexität deshalb leisten, weil Sinn jedes unmittelbare und evidente Erleben mit Verweisungen auf andere Möglichkeiten und mit reflexiven und generalisierenden Negationspotentialen durchsetzt. Auf diese Weise ist Sinnerleben für riskante Selektivität ausgerüstet. Sinn gewährt also die Möglichkeit zu einem „Überziehen der Potentialitäten des aktuellen Erlebens durch ein Erfassen und Präsentieren von Nichtmiterlebtem."[22] Für das Recht als informationsverarbeitendes und Entscheidungen generierendes System bedeutet dies, daß eine auf starren Informationskanälen und Befehlssträngen beruhende Verarbeitung von interner und externer Komplexität bei zunehmender Komplexität rasch an Grenzen stößt.

Diese Grenzen erscheinen jedoch nahezu beliebig ausdehnbar, wenn Informationen mit Hilfe sinnhaften Erlebens verarbeitet werden. Dann werden abweichende Informationen nicht ausgeschaltet, sondern bleiben als Möglichkeiten bekannt, obwohl sie in der gegebenen Situation nicht verwendet werden können. Auf diese Weise kann eine raschere und problemlosere Reaktion auf Veränderungen der inneren und äußeren Umwelt erreicht werden. Die Variabilität und Komplexitätsverarbeitungskapazität des Rechts als eines informationsverarbeitenden Systems wird damit erhöht und nötige Innovationen können mit weniger Friktionen im System durchgesetzt werden.

---

19 Vgl. S. Beer, Decision and Control, London/New York 1966, S. 313 ff.

20 Vgl. dazu A. Zielcke, Die symbolische Natur des Rechts, Berlin 1980, S. 10 ff.

21 N. Luhmann, Sinn als Grundbegriff der Soziologie, in: J. Habermas, N. Luhmann, Theorie der Gesellschaft oder Sozialtechnologie – Was leistet die Systemforschung?, Frankfurt/Main 1971, S. 25-100, S. 34

22 N. Luhmann, Sinn als Grundbegriff der Soziologie, in: J. Habermas, J.; N. Luhmann, Theorie der Gesellschaft oder Sozialtechnologie – Was leistet die Systemforschung?, Frankfurt/Main 1971, S. 25-100, S. 40

Daraus ergibt sich eine nähere Bestimmung der notwendigen Offenheit von Organisationen, die in einer komplexen und sich rasch verändernden Umwelt überleben wollen. Sie müssen nicht nur eine eigene hohe Komplexität, sondern auch eine komplexe Form der Interaktion mit der Umwelt und eine hohe Interaktivität in den Subsystemen aufweisen.[23] Dieser Offenheit widerspricht nun die im Begriff des Rechts ebenso wie in der konstitutiven Festlegung der Begriffe von Verbrechen und Strafe angelegte Konstruktion starrer Strukturen und hierarchisch geordneter Befehlswege. Es ist demnach auch im Rechtssystem zu berücksichtigen, daß mit der Bildung spontaner Ordnungen weit komplexere Systeme erreichbar sind, als durch bewußte Planung möglich ist. Je komplexer die anzustrebende Ordnung also ist, desto mehr wird sie auf spontane Kräfte vertrauen müssen. Lebensfähige Organisationen und Institutionalisierungen entstehen deshalb nur dann, wenn sie nur einige wenige Schlüsseldeterminanten und Lenkungsanweisungen gespeichert haben, die dem System zwar die Richtung angeben, aber gleichzeitig eine hohe Unbestimmtheit in der Gestaltung des Entscheidungsverhalten aufweisen. Ein lebensfähiges System ist also nie durch einen einmaligen Akt gestaltet, sondern seine jeweilige Gestalt entsteht immer selbsttätig aus dem Systemzusammenhang in Auseinandersetzung mit den jeweils gegebenen Herausforderungen durch die innere und externe Komplexität.[24]

Nach N. Luhmann definiert sich der Begriff der Komplexität also nun in Beziehung auf das Aktualisierungspotential von Systemen: „Er bezeichnet die Zahl der Möglichkeiten, die durch Systembildung Wirklichkeit werden können", und impliziert, „daß die Welt mehr Möglichkeiten zuläßt, als Wirklichkeit werden können, und in diesem Sinne »offen« strukturiert ist."[25] In der funktionalistischen Systemtheorie erscheint dieses Verhältnis als Bedrohung des Systems durch Überforderung. Die kybernetische Systemtheorie ist dagegen dadurch gekennzeichnet, daß sie das Verhältnis von Umwelt und System als den Aufbau einer Ordnung von geringerer Komplexität durch Selektion versteht. Für den Menschen stellt sich das Problem der Verarbeitung von Komplexität nun anders als für reale Systeme der physischen oder biologischen Welt. Dem Menschen wird seine Umwelt vorwiegend durch andere Menschen vermittelt, d.h. er erlebt, daß andere Menschen aktuell erleben, was für ihn selbst nur Möglichkeit ist. Die Komplexität seiner Umwelt wird also durch die Sozialdimension seines Lebens im Verhältnis zur nichtmenschlichen Welt entscheidend erweitert. Damit eröffnet

---

23 Vgl. S. Beer, Decision and Control, London/New York 1966, S. 257.

24 Vgl. dazu F. Vester, Unsere Welt – ein vernetztes System, Stuttgart 1978, S. 159 ff; sowie ders., Neuland des Denkens. Vom technokratischen zum kybernetischen Zeitalter, München 1991, S. 29 ff.

25 N. Luhmann, Vertrauen. Ein Mechanismus der Reduktion sozialer Komplexität, Stuttgart 1968, S. 3

sich ihm ein prinzipiell unendlich weites Feld an Wahrnehmungs-, Erfahrungs-, Entscheidungs- und Handlungsmöglichkeiten. Folglich muß er neue Mechanismen entwickeln, die ihm seine Existenz als ein eigenständiges Wesen erlauben, indem sie »seine« Welt durch Selektion zu einem System von geringerer Komplexität konstituieren.

Allgemein wird bei zunehmender Komplexität, die eine hohe Eigenkomplexität des sich in der Umwelt erhaltenden Systems erfordert, die Bedeutung der Mechanismen zur Übertragung bereits geleisteter Komplexitätsreduktion abnehmen. Dies betrifft sowohl die Verläßlichkeit von Wahrheit bzw. Wissen als auch und insbesondere von Macht und Recht. Das Problem mit diesen Übertragungsmechanismen ist gerade, daß damit eine zu hohe Bindungswirkung erzielt wird. Eine solche Bindungswirkung ist zwar zunächst die Leistung dieser Mechanismen. Durch vorgegebene Komplexitätsreduktion wird der einzelne, der in der Handlungssituation steht, von eigenen Leistungen entlastet und kann seine Kapazitäten auf seine spezielle Aufgabe konzentrieren. Gleichzeitig wird sichergestellt, daß die übergeordneten Ziele und Strategien der Institutionen für den einzelnen als handlungsleitende Rahmenbedingungen wirken, womit die Identität der betreffenden Organisation gesichert wird.

Übersteigt die zu bewältigende Komplexität jedoch ein gewisses Niveau, so wird gerade die Bindungswirkung von übertragener Komplexitätsreduktion zu einem Faktor, der die Leistung der Komplexitätsreduktion des Gesamtsystems gerade verringert. Je spezieller also die Komplexitätsreduktion wird, die das einzelne Subsystem erbringen muß, desto weniger hilfreich können generelle Übertragungen von reduzierter Komplexität sein. In diesem Fall müssen den Subsystemen Möglichkeiten eingeräumt werden, die es ihnen erlauben, in der Orientierung an den Systemzielen und der Systemstrategie solche Reduzierungen von Komplexität vorzunehmen, die den an sie herangetragenen Problemen am besten entsprechen. Die Heterogenität der im StGB angelegten Straftheorien könnte etwa in diesem Sinne verstanden werden, und die vom BVerfG ausgearbeitete »Vereinigungstheorie« könnte geradezu als Antwort auf eine hochkomplexe Situation aufgefaßt werden.[26] Die vorliegende Arbeit wird im Schlußkapitel auf diese Frage zurückkommen.

Autopoiesis heißt darüber hinaus, daß Organisationen nicht nur ihre eigenen Strukturen hervorbringen, sondern auch die Produktion ihrer Elemente produzieren. Organisationen bestehen aus Kommunikationen, die selbst über ein Netzwerk von Kommunikationen reproduziert werden. Die Stabilität der Systemoperationen und damit die Identität der Organisation beruht damit auf der Rekursivität von Operationen, die auf die Resultate von Operationen Anwendung finden.

26 Vgl. BverfGE 45, 187 (253 f)

Die grundlegende Selbstreferenz der Organisation wird also durchgehalten, indem eine spezifische System-Umwelt-Unterscheidung als Code institutionalisiert wird. Die System-Umwelt-Unterscheidung wird also innerhalb des Systems zum Gegenstand der Selbstbeobachtung. Personen werden damit nur als Sozialkonstrukte mit relativer Stabilität benötigt. Nicht nur das Netzwerk der Operationen, sondern auch die einzelnen Elemente einer Organisation werden also durch das System selbst als Einheiten konstituiert.[27]

Wenn alle Systemkomponenten aber nur noch selbstreferentiell definiert werden, so bleibt nur noch eine Selbstbeschreibung der einzelnen Systemkomponenten in systemeigenen Kategorien. Das gleiche gilt für Veränderungen der Organisation; auch diese können nur nach selbstgenerierten und selbstmodifizierten Richtigkeitsstandards beobachtet und beschrieben werden. Was als Einheit fungiert, läßt sich damit aber nur noch von innen beobachten. Die Bedeutung von Elementen und Operationen von Organisationen erschließt sich folglich nur dem Beobachter, der sich letztlich wenigstens zu theoretischen Zwecken vollständig mit der Organisation identifizieren kann. Jede unabhängige Beobachtung kann den Charakter von Elementen und Operationen nicht angemessen auffassen. Von da her könnte die Frage gestellt werden, ob die theoretische Beschreibung von Organisationen als autopoietische Systeme nicht die Grundlagen einer theoretischen Beschreibung überhaupt zerstört.

Die definitorische Institutionalisierung von Verbrechen und Strafe ist auf dieser Grundlage nun zu beschreiben als Ausbildung eines speziellen Systems, das als Subsystem nicht nur durch Ausdifferenzierung spezielle Aufgaben für das System Gesellschaft löst, sondern das aufgrund seines eigenen Systemcharakters auch eine Eigendynamik entwickelt, deren Kongruenz mit der gegebenen Aufgabenstellung nicht von vornherein sichergestellt ist. Diese Kongruenz muß vielmehr in einem permanenten Prozeß hergestellt werden, der Autonomie und Funktionalität so zum Ausgleich bringen muß, daß darin die erforderliche Eigenkomplexität des Subsystems Recht erhalten bleibt, ohne daß die Kapazität der Komplexitätsverarbeitung mittels Erzeugung bindender Sanktionsentscheidungen für vorselektierte Handlungen herabgesetzt wird. Das Problem in diesem Zusammenhang besteht also in der Bestimmung der optimalen Flexibilität des Rechts, in der der Charakter des Rechts selbst nicht dementiert wird.

Im folgenden wird diese generelle Problematik verfolgt im spezielleren Zusammenhang der eingangs erwähnten konstitutiven Institutionalisierung von Verbrechen und Strafe in ihrer definitorischen Repräsentation. In diesem Zusammenhang realisiert sich die Flexibilitätsproblematik gesellschaftlicher Subsysteme im Handlungs- und Definitionssystem des Strafrechts. Aufgrund der weitrei-

---

27 Vgl. N. Luhmann, Soziale Systeme, Frankfurt/Main, 1984, S. 58 ff.

chenden Implikationen definitorischer Vorgänge in der Konstitution und Institutionalisierung von Verbrechen und Strafe werden in die Grundlagen der Ausbildung, Gestaltung und Flexibilisierung dieses Subsystems Vorgaben aus anderen Handlungs- und Normierungszusammenhängen eingehen, die sich auf der Ebene des Wissens etwa als Philosophie, Religion, Anthropologie oder auch als andere Formen von »Orientierungswissen« darstellen. Damit greift die Frage nach der komplexitätsreduzierenden definitorischen Konstitution von Verbrechen und Strafe im gesellschaftlichen Zusammenhang auf die Problematik der Flexibilität und Funktionalisierbarkeit handlungsorientierender Wissensbestände außerhalb des Rechtssystems über .

Habermas formulierte diese Problematik auf der generellen Ebene seiner Auseinandersetzung mit Luhmanns Systemtheorie als Konflikt zwischen System und Lebenswelt als wechselseitig nicht auf einander reduzierbarer Beschreibungsformen gesellschaftlicher Wirklichkeit. Gesellschaftliche Handlungszusammenhänge lassen sich demnach nicht vollständig mit Hilfe systemtheoretischer Konzepte beschreiben, da sie nicht nur durch Systemanforderungen bestimmt werden, sondern auch ein »kommunikatives Handeln« darstellen, das auf der Grundlage nicht funktionalistisch erklärbarer handlungsleitender Ansprüche auf theoretische Wahrheit und normative Richtigkeit bzw. Gerechtigkeit seine Wirksamkeit entfaltet. In Bezug auf das Strafrecht und die definitorische Konstitution von Verbrechen und Strafe ist entsprechend zu fragen, ob und inwieweit diese Konstitution sich auf der Grundlage der systemtheoretischen Konzeption ausschließlich als komplexitätsverarbeitende Subsystembildung verstehen läßt, bzw. ob und inwieweit diese autopoietische Konstitution begrenzt und eingeschränkt wird durch solche Determinanten, die durch ihre »Eigenlogik« sich gegen ein funktionalistisches Verständnis sperren.

2. Verbrechen und Zurechnung

2.1 Zurechnung und Person

Es ist zunächst deutlich geworden, daß mit den Begriffen Verbrechen und Strafe eine Zurechnung zwischen Taten in der empirischen Welt und der Handlungsfähigkeit von Subjekten hergestellt wird, aufgrund derer eine Tat als Verbrechen und die rechtliche Sanktion darauf als Strafe bezeichnet werden kann. Damit unterscheidet sich der Zusammenhang von Verbrechen und Strafe von einem automatischen Ablauf in der natürlichen bzw. technischen Welt. Um als Verbrechen einer Person zugerechnet werden zu können, muß vor allem die Bedingung der Verantwortlichkeit gegeben sein. Solange eine Handlung nur in dem Sinne zugerechnet wird wie ein Ereignis einer Ursache, solange kann nicht von einem rechtlichen Verhältnis zwischen Tat und Täter die Rede sein. Der wichtigste Begriff dafür ist derjenige der Schuld. Wenn von Schuld die Rede sein soll, so führt dies zur Handlungsfreiheit von Personen, die in einer gegebenen Situation jeweils auch anders handeln hätten können. Damit wird die Person von der Situation unterschieden und zum Akteur in einer Welt, in der ihr Freiheit zugeschrieben wird. Von Strafe im rechtlichen Sinne und in der Unterscheidung einer Wirkung, die auf eine Ursache folgt, kann also nur dann die Rede sein, wenn die Straftheorie bzw. die Theorie der Strafbegründung die Schuldfähigkeit, die Verantwortlichkeit und damit die Freiheit des Täters in ihre Überlegungen einbezieht.[28]

Kant nennt nun gerade und nur die Person „dasjenige Subject, dessen Handlungen einer Zurechnung fähig sind“ und identifiziert das, was sie zu einer solchen macht, also ihre Persönlichkeit, mit der „Freiheit eines vernünftigen Wesens unter moralischen Gesetzen“.[29] Zurechnungs*fähigkeit* ist diesem Gedankengang zufolge also mit der Freiheit gegeben, die nur durch die Moralität kategorisch-imperativischer Maximenprüfung demonstriert werden kann.[30] Eine Zurechnung

28 Vgl. zum folgenden U.Neumann/U.Schroth, Neuere Theorien von Kriminalität und Strafe, Darmstadt 1980, S. 46 ff.; sowie die grundlegende Studie von U.Neumann, Zurechnung und Vorverschulden. Vorstudien zu einem dialogischen Modell strafrechtlicher Zurechnung, Berlin 1985.

29 I. Kant, Metaphysik der Sitten, in: Akademieausgabe Bd. VI, S. 223

30 Zum Verhältnis von Grad der Zurechnung und Grad der Freiheit in Kants Ausführungen zur *imputabilitas* vgl. J.C. Joerden, Zwei Formeln in Kants Zurechnungslehre, in: Archiv für Rechts- und Sozialphilosophie 77/1991, S. 525-538.

geschieht jedoch nichtsdestoweniger in einem bestimmten Urteil: „Zurechnung (imputatio) in moralischer Bedeutung ist das Urtheil, wodurch jemand als Urheber (causa libera) einer Handlung, die alsdann That (factum) heißt und unter Gesetzen steht, angesehen wird;“[31] unter diese Gattung können die Arten der »rechtskräftigen« und der bloß »beurtheilenden« Zurechnung fallen. Als einer Art müssen auch der »rechtskräftigen« Zurechnung also die Konstitutiva der Gattung »Zurechnung« zukommen – m.a.W.: zugerechnet kann auch juridisch nur dem freien und vernünftigen Wesen werden, und zwar insofern, als es diese Freiheit durch seine gesetzesförmige Moralität demonstrieren kann.

Eben diese Zurechnungsbedingungen gelten dann auch für die Realisierung der »rechtskräftigen« Zurechnung durch den Richter bzw. den Gerichtshof als diejenige „(physische oder moralische) Person, welche rechtskräftig zuzurechnen die Befugnis hat“.[32] Die juridische Zurechnung ist damit nach Kant zum einen untrennbar mit der moralischen Konstituierung der Person verbunden. Zum anderen ist sie jedoch davon abhängig, daß die Person ein Außenverhältnis aufnimmt, in dem ihr ihre Moralität und damit ihre Freiheit von einer anderen Person, die ebenfalls die Zurechnungsbedingungen erfüllt, zugeschrieben wird. Dieses Außenverhältnis darf die notwendigen Bedingungen der Zurechenbarkeit in der moralischen Freiheitsdemonstration nicht verletzen. Damit kann der Status des Rechts innerhalb der praktischen Philosophie Kants auch mit Hilfe des Begriffes der Zurechenbarkeit (imputabilitas) beschrieben werden. Das Rechtsverhältnis ist demnach dasjenige Verhältnis zwischen Menschen, in dem die Zurechnungsbedingungen durch eine von der individuellen Willkür unabhängige Regelbindung als gültig unterstellt werden, womit die zur moralischen Freiheitsdemonstration fähige Person auch im Verhältnis zwischen Personen als solche anerkannt wird.

Wenn wir Kants Rechtsphilosophie also nach ihrem moralischen Begriff als Philosophie der Personalität im rechtlichen Zusammenhang durch die rechtlich fixierte Zuschreibung von Handlungsfähigkeit und Verantwortlichkeit auffassen, so gerät ihr Begriff von Recht offenbar notwendig in die Nähe der Problematik der Zurechnung, wie sie die Rechtstheorie vor allem im Bereich des Strafrechts untersucht.[33] Allerdings ist dieser Begriff in der Strafrechtsdoktrin heute zugun-

---

31 Kant, a.a.O., S. 227

32 Kant, a.a.O., S. 227

33 Grundlegende Unterscheidungen dafür wurden allerdings bereits sehr früh entwikkelt; vgl. etwa M. Kaufmann, *imputabilitas* als Merkmal des Moralischen. Die Diskussion bei Duns Scotus und Wilhelm von Ockham, in: Jahrbuch für Recht und Ethik 2/1994, S. 55-66. J. Hruschka weist darauf hin, daß sich bei J.G. Daries schon 1754 die Unterscheidung zwischen imputatio facti und imputatio iuris findet

sten von »Zurechnungsfähigkeit« bzw. – im Verlaufe der Änderungen des Strafgesetzbuchs der letzten 30 Jahre – »Schuldfähigkeit« in den Hintergrund getreten. Die Stelle des Zurechnungsbegriffs scheint nunmehr der Begriff der »objektiven Zurechnung« eingenommen zu haben, womit das Problem bezeichnet ist, ob ein Ereignis einer Handlung bzw. Unterlassung als deren Erfolg zugerechnet werden kann. Von objektiver Zurechnung ist die Rede, wenn als Kriterium für die Zurechnung eine kausale oder teleologische Regel, der Begriff einer Handlung als solcher oder auch eines Risikozusammenhangs verwendet wird.[34] Subjektiv dagegen kann die Zurechnung genannt werden, wenn kognitiv-volitive Kriterien herangezogen werden. Im ersten Fall ist das Ergebnis die Feststellung von Unrecht, im zweiten Fall die Konstatierung von Schuld, so daß zum einen von einer »Zurechnung zum Unrecht« und zum anderen von einer »Zurechnung zur Schuld« die Rede sein kann.

Zum Problem der Zurechnung als solcher existieren in der Rechtstheorie bemerkenswert wenige Untersuchungen.[35] Die Traditionslinie wird dabei üblicherweise im Ausgang von Aristoteles über dessen Rezeption bei Thomas von Aquin zu Pufendorf und Anselm von Feuerbach gezogen. Von R. Loening wurde die ethische Zurechnungslehre von Aristoteles als Grundlegung für eine Lehre von der juristischen Zurechnung herangezogen, indem die psychologischen Voraussetzungen der Imputation der aristotelischen Seelenlehre – und nicht der Staatslehre – entnommen wurden. Ausgehend von der aristotelischen Person-Handlungs-Struktur und von dem Zusammenhang zwischen Willkürlichkeit einer Handlung und richtiger Erkenntnis des sittlichen Charakters dieser Handlung ergibt sich nach Loening, daß zwar nicht die Rechtswidrigkeit einer Handlung in einer Willensdisposition gegründet sein kann, daß aber die Zurechnung rechtlicher Folgen doch entscheidend davon abhänge, ob mit dem Bewußtsein der

---

(J. Hruschka, Verhaltensregeln und Zurechnungsregeln, in: Rechtstheorie 22/1991, S. 449-460).

34 Schon von R. Honig wurde jedoch darauf hingewiesen, daß das Zurechnungsurteil durch seinen axiologischen Charakter einen selbständigen Status gegenüber dem Kausalurteil einnimmt (Kausalität und objektive Zurechnung, in: A. Hegler, Hrsg., Beiträge zur Strafrechtswissenschaft, Festschrift für R.v. Frank, Bd. 1, Tübingen 1930, Nachdruck Aalen 1969, S. 174-201).

35 Zu nennen sind vor allem die an Hegel anschließende Arbeit von K. Larenz, Hegels Zurechnungslehre und der Begriff der objektiven Zurechnung, Leipzig 1927; sowie W. Hardwig, Die Zurechnung. Ein Zentralproblem des Strafrechts, Hamburg 1957; und J. Hruschka, Strukturen der Zurechnung, Berlin/New York 1976. Als umfassender Überblick über die Diskussion ist zu nennen H. Koriath, Grundlagen strafrechtlicher Zurechnung, Berlin 1994.

Rechtswidrigkeit gehandelt wurde oder nicht.[36] Daß eine Handlung nur dann tugendhaft ist, wenn sie freiwillig und wissentlich ausgeführt wird, wird bei Thomas von Aquin weitgehend unverändert übernommen.

Bei Pufendorf erscheint neben der causa moralis als Zurechenbarkeit der Wirkung der Handlung die Unterscheidung zwischen der absoluten und der reflexiven Betrachtung einer willentlichen Handlung, und nur solche Handlungen, die ein reflexives Moment einschließen, sollen genuin menschlich heißen. Damit wird die Dimension des Staates bzw. der Gesellschaft in die Zurechnungslehre eingeführt: für Pufendorf wird es entscheidend, „daß man Handlungen im sozialen Leben überhaupt jemandem zurechnen kann, um festzustellen, ob daraus eine Verpflichtung des Handelnden und ein Rechtsanspruch dessen, den die Wirkungen der Handlung treffen, entsteht oder ob der Handelnde im Staat belohnt oder bestraft werden kann."[37] Die imputativitas erscheint so als die formelle Seite der Handlung. Diese Lehre findet ihre ausgearbeitete Form schließlich bei Anselm von Feuerbach, dessen Zurechnungsbegriff weitgehend auf der Konzeption der Motivationsfähigkeit aufbaut und so zu einer Identität von Zurechnungsfähigkeit und Abschreckbarkeit gelangt. Der Bestimmungsgrund der Strafe wird so zum Inhalt des Handlungsbegriffs und der Zurechnungslehre.[38]

Damit aber ist die Frage nach der »eigenen Tat« zugunsten des Begriffs des Erfolgs der Tat in den Hintergrund gerückt.[39] Bei Hegel, auf den die Theorie der objektiven Zurechnung sich gerne beruft, hieß Zurechnung dagegen noch »in engerer Bedeutung«, „daß das Meinige in einer Handlung zu erkennen sei."[40] Damit

---

36 R. Loening, Die Zurechnungslehre des Aristoteles, Jena 1903, S. 179 ff; Loening kommt deshalb folgerichtig zu dem Ergebnis, für Aristoteles schließe der Rechtsirrtum aufgrund des fehlenden Bewußtseins der Rechtswidrigkeit die Auszeichnung einer Handlung als willkürlich aus (a.a.O., S. 213). Vgl. zu Aristoteles auch W. Hardwig, Die Zurechnung, Hamburg 1957, S. 11 ff.

37 S. Pufendorf, De iure naturae et gentium, J I,9; H. Denzer, Moralphilosophie und Naturrecht bei Samuel Pufendorf, München 1972, S. 82; hier auch weitere Nachweise.

38 Vgl. zu Feuerbach M. Grünhut, Anselm von Feuerbach und das Problem der strafrechtlichen Zurechnung, Aalen 1978, Neudruck der Ausgabe Hamburg 1922, S. 96 ff; hier auch weitere Nachweise; Feuerbach, Versuch über den Begriff des Rechts, S. 138 ff.

39 Bei K. Larenz, der den Begriff der »objektiven Zurechnung« in die neuere Diskussion eingeführt hat, hieß es dagegen noch: „Zurechnung bedeutet nichts anderes als der Versuch, die eigene Tat vom zufälligen Geschehen abzugrenzen." (Hegels Zurechnungslehre und der Begriff der objektiven Zurechnung, Leipzig 1927, Neudruck Aalen 1970, S. 61)

40 Hegel, Grundlinien der Philosophie des Rechts, Zusatz zu § 115; ähnlich Vorlesungen über Rechtsphilosophie 1818-1831, hrsg. v. Ilting, Bd. 3, 1974, S. 355 (= Vorlesungsnachschrift von H.G. Hotho, 1822-1823).

wird zunächst eine kausale Deliktslehre auf der Grundlage eines naturalistischen Handlungsbegriffs ausgeschlossen. Dagegen versuchte der Finalismus eine Abgrenzung zwischen Naturereignissen und menschlichem Verhalten mit Hilfe des Begriffes der Intentionalität vorzunehmen, wobei der »Vorsatz« zum relevanten Leitfaktor nicht der Schuld, sondern der Handlung wurde.[41] Der »Blindheit« der Kausalität wurde die »Sehfähigkeit« der Intentionalität entgegengesetzt.[42] Damit ist zwar das Problem der Kausalität beseitigt, nicht unbedingt aber eine naturalistische Konzeption vermieden; Intentionalität wurde nicht als *juristisches* Attribut menschlichen Handelns eingeführt, sondern im Zusammenhang eines ontischen Begriffs des intentionalen Handelns. Für die Rechtstheorie entstanden daraus vor allem Probleme im Bereich der normativen Konstruktion der Unterlassungs- und Fahrlässigkeitsdelikte.[43]

2.2 Zurechnung im sozialen Zusammenhang

Bereits Welzel hatte auf das Kriterium der »Sozialadäquanz« hingewiesen, demzufolge Verletzungen von Rechtsgütern nur dann zu strafrechtlichen Sanktionen führen dürfen, wenn sie »sozial unerwünscht« sind.[44] Damit ist im Prinzip schon die Auffassung des Strafrechts als gesellschaftlicher Kontrollmechanismus erreicht.

Wann ein Ereignis jemandem als »sein Werk« zuzurechnen ist, kann in diesem Gedankenzusammenhang unabhängig von Kausalität und Intentionalität festgestellt werden. Im strafrechtlichen Sinn handelt dann derjenige, der in einer bestimmten Situation in einer »Garantenstellung« ist, weil gesellschaftlich von ihm ein bestimmtes Verhalten erwartet wird, so daß die grundlegende Aufgabe des Strafrechts in der Individualisierung desjenigen besteht, der durch eine Nichterfüllung seiner Garantenstellung gesellschaftlichen Interessen geschadet

41 H. Welzel, Das deutsche Strafrecht, 11. Auflage, Berlin 1969, S. 45; vgl. E. Schmidhäuser, Was ist aus der finalen Handlungslehre geworden?, in: JZ 41/1986, S. 109-116.

42 H. Welzel, Studien zum System des Strafrechts, in: Zeitschrift für die gesamte Strafrechtswissenschaft 58/1939, S. 491-566, S. 502

43 Vgl. dazu Y. Reyes, Theoretische Grundlagen der objektiven Zurechnung, in: Zeitschrift für die gesamte Strafrechtswissenschaft 105/1993, S. 108-136, S. 115.

44 Welzel hatte allerdings große Probleme bei der Einordnung dieses Kriteriums in die finale Unrechtslehre; als allgemeiner Rechtfertigungsgrund wird die »Sozialadäquanz« erwähnt in seinem Werk »Das neue Bild des Strafrechtssystems«, 4. Auflage, Göttingen 1961, S. 25, sowie in der 4.-8. Auflage von »Das deutsche Strafrecht«, Berlin 1954 - Berlin 1963.

hat.[45] Dieser normativen Deliktsauffassung zufolge hat die objektive Zurechnung nicht die Aufgabe einer individuellen Bewertung, sondern nur diejenige einer Analyse allgemeiner Verhaltenserwartungen, die jedoch nicht unabhängig von den Kenntnissen und Fähigkeiten zu sehen sind, die ein »Garant« als Rollenträger besitzen muß.[46] Der Begriff des »Unrechts« bezieht sich demnach nur auf den Rollenträger und auf das Vorliegen von Verletzungen des sozialen Beziehungslebens. Die objektive Zurechnungslehre ersetzt damit den strafrechtlichen Handlungsbegriff, indem sie nur festzustellen hat, welche Enttäuschungen gesellschaftlicher Erwartungen das Strafrecht zu sanktionieren hat: Handlung ist für das Strafrecht dann „jede zurechenbare tatbestandsmäßige Erfolgsherbeiführung".[47] Die Lehre von einem objektiven Zurechnungszusammenhang präzisiert damit einen sozialen Handlungsbegriff in Abhängigkeit von einem kommunikativ relevanten Deutungsschema, dessen Konstitution sich aus der Verfassung der Gesellschaft ergibt.[48] Die Aufgabe der Untersuchung der subjektiven Zurechnung dagegen ist die Betrachtung des Individuums und seines Wollens, also die Frage seiner »Schuld«, während sich die objektive Zurechnung auf die Frage des »Unrechts« konzentrieren kann.

Damit ist in einem radikalen Sinne formuliert, daß eine Auffassung von Verhalten als Handlung eine »Deutung« darstellt, die einer »moralischen Betrachtungsweise« zugehört.[49] »Zurechnung« kann dann als der Akt gelten, durch den ein Vorgang deutend als Handlung aufgefaßt und damit »verstanden« wird.[50] Vom Begreifen der Handlung als »Sinnausdruck« im Sinne der finalen Handlungslehre, d.h. als eine individuell vermeidbare, vorsätzliche oder individuell fahrlässige Folgenbewirkung, unterscheidet sich dies durch den zentralen Stellenwert eines Deutungs- und Zuschreibungsgeschehens und durch den radikalen

45 Vgl. dazu und zum folgenden die auf G. Jakobs aufbauenden Überlegungen von Y. Reyes, Theoretische Grundlagen der objektiven Zurechnung, in: Zeitschrift für die gesamte Strafrechtswissenschaft 105/1993, S. 108-136, S. 119.

46 Insofern ist in diese Konzeption auch die Auffassung der Handlung als Regelanwendung zu integrieren (vgl. P. Winch, Die Idee der Sozialwissenschaft und ihr Verhältnis zur Philosophie, Frankfurt/Main 1966, S. 69 ff).

47 Y. Reyes, Theoretische Grundlagen der objektiven Zurechnung, in: Zeitschrift für die gesamte Strafrechtswissenschaft 105/1993, S. 108-136, S. 127

48 Vgl. G. Jakobs, Der strafrechtliche Handlungsbegriff, München 1992, S. 28 f.

49 Im weiten Sinne von »Moral«, vgl. zu diesem Ausdruck J. Hruschka, Strukturen der Zurechnung, Berlin/New York 1976, S. 8 ff.

50 Vgl. H. Alwarts Entwurf einer analytischen Rechtshermeneutik, die ohne Bezug auf ein Wesen des Rechts oder der Handlung objektive und subjektive Zurechnung als Deutungskriterien versteht und Handlung als Bedeutung eines Verhaltens auffaßt in Analogie zum Begriff als Bedeutung eines Wortes, womit jedoch gerade eine »platonistische« Verhaltensbedeutungskonzeption vermieden werden soll (Recht und Handlung, Tübingen 1987, S. 110 ff).

Verzicht auf eine Untersuchung der Handlung unter ontologischen oder Wesensaspekten: „Erst das Verständnis der Handlung nicht als natürliches Element im Zurechnungszusammenhang, sondern als seinerseits durch Zurechnung bestimmter Begriff macht aus der Handlung, was sie sein muß, nämlich eine kommunikativ relevante Stellungnahme, einen kommunikativ relevanten Sinnausdruck.“[51] Hier wird rechtsphilosophisch der Unterschied zum Zivilrecht vernachlässigbar. Obwohl das Zivilrecht Gütersicherheit garantiert und nicht, wie das Strafrecht, Normgeltung, gilt auch hier das Prinzip der Zuschreibung in Abhängigkeit von gesellschaftlichen Deutungsschemata. Das Zivilrecht garantiert ein Verhalten von einer Standardgestalt, und einen verursachten Schaden an Gütern muß derjenige ersetzen, der nicht dem Standard des Verkehrskreises angemessen handelt, in dem er sich zurechenbar bewegt. Auch hier geht es nicht um eine ontologische Feststellung von Verantwortlichkeit, sondern um die Übereinstimmung mit einer kommunikativ vermittelten Deutung – so z.B. beim Konstrukt der Gefährdungshaftung.

Der zentrale Stellenwert des Begriffs der Zurechnung für jede normative Gesellschaftstheorie und speziell für die Synthesisleistung im Rechtssatz findet sich auch bei H. Kelsen, der die Ordnung des Rechts als ein Gefüge von Zurechnungsprozessen zu rekonstruieren sucht. Zurechnung ist ein Ordnungsprinzip, das funktional dem Prinzip der Kausalität in der Naturwissenschaft analog zu verstehen ist, insofern es konstitutiv für ein eigenes Wissenschaftsgebiet ist: „Ein Wesensunterschied besteht nur zwischen Naturwissenschaften und solchen Gesellschaftswissenschaften, welche das gegenseitige Verhalten der Menschen nicht nach dem Prinzip der Kausalität, sondern nach dem der Zurechnung deuten“.[52] Zurechnung erscheint hier als Verknüpfung von Elementen durch einen volitiven Akt, dessen Sinn eine Norm ist, wodurch die Zurechnung akausal, ateleologisch und – qua Normsinn – auch avoluntativ aufgefaßt wird. Durch die logische Voraussetzung des Zurechnungsprinzips erhält die volitive Verbindung zweier Akte nicht den Status einer Sequenz von Handlungen, sondern die Bedeutung eines Zusammenhangs von Unrecht und Unrechtsfolge. Als Zurechnungsprinzip soll in diesem Zusammenhang die im Rechtssatz durch das »Sollen« ausgedrückte Verknüpfung von Bedingung und Folge gelten.[53] Kausalität und Zurechnung unterscheiden sich deshalb als zwei verschiedene Interpretationsmethoden, so daß von

51 G. Jakobs, Der strafrechtliche Handlungsbegriff, München 1992, S. 29 f

52 H. Kelsen, Kausalität und Zurechnung, in: H. Klecatsky u.a., Hrsg., Die Wiener Rechtstheoretische Schule, Bd. 1, Wien 1968, S. 663-692, S. 672

53 H. Kelsen, Reine Rechtslehre, Wien 1960, S. 85

einem Parallelismus zweier verschiedener Erkenntnismethoden die Rede sein kann.[54]

In diesem Zusammenhang verdient schließlich noch die Position von J. Hruschka Aufmerksamkeit, derzufolge Begriffe wie Handlung, Freiheit und Schuld nicht ohne den Grundbegriff der Zurechnung erfaßt werden können.[55] Eine Handlung wird zu einer solchen nur durch eine Deutung im Rahmen einer »moralischen Betrachtungsweise«. Zurechnung ist gerade der Akt, durch den ein Vorgang als Handlung aufgefaßt wird. Dafür müssen wir zwei Voraussetzungen machen. Zum einen muß die sensorisch wahrgenommene Bewegung auf ein moralisches Subjekt zurückgeführt werden können, und zum anderen müssen wir voraussetzen, daß dieses Subjekt dabei *Regeln* gefolgt ist. Ein Bewußtsein der Regelanwendung aber ist nicht objektiv feststellbar: „Werden Wille, Geist, Bewußtsein ganz allgemein nur über Zurechnungsakte zugänglich, dann werden sie es auch im Einzelfall.“[56] Zurechnung ist dann ein zweistufiger Akt, in dem zunächst unterstellt wird, ein Kosubjekt habe »irgendeine« Regel befolgt, was schon dann angenommen werden kann, wenn Anzeichen vorliegen, daß kognitive Fähigkeiten existieren und ein Handlungsspielraum bestand. In einem zweiten Akt kann dann der Vorgang als Anwendung einer bestimmten Regel oder Regelgruppe (Rx genannt) begriffen werden. Der zweite Akt tritt nun als Kritik mit normativem Gehalt auf, die selbst wiederum Regeln anwendet. Damit ist die Normativität der Zurechnung von der »Gleichnamigkeit« des zurechnenden und des zugerechneten Aktes abhängig – eine Regel kann auf die Handlung angewendet werden, weil sie in sich bereits durch den Regelcharakter strukturiert ist.

Hruschka kommt auf dieser Grundlage zu dem Prinzip entschuldigungsloser Zurechnung, von der normalerweise ausgegangen werden müsse. Zu rechtfertigen seien also nicht die Zurechnungsakte, sondern die Ausnahmefälle.[57] Dies hängt mit der Auffassung der Rechtsregeln als gemeinschaftskonstitutiver Regeln zusammen: „Jede Gemeinschaft von Subjekten ist gerade darum Gemeinschaft, weil für die Subjekte der Gemeinschaft bestimmte gemeinsame Regeln gelten.“[58] Deshalb muß die Nichtanwendung solcher Regeln durch ein Kosubjekt trotz Indikation ihrer Anwendung als »Selbstausschluß« dieses Subjekts aus der Gemeinschaft aufgefaßt werden. Die Rechtsgemeinschaft befindet sich demnach in einem analogen Status wie eine Argumentations- oder Sprachgemeinschaft oder – und hier wird die Orientierung an Wittgensteins Sprachspielbegriff besonders deut-

---

54 H. Kelsen, Kausalität und Zurechnung, in: H. Klecatsky u.a., Hrsg., Die Wiener Rechtstheoretische Schule, Bd. 1, Wien 1968, S. 663-692, S. 686 bzw. S. 688

55 J. Hruschka, Strukturen der Zurechnung, Berlin/New York 1976.

56 A.a.O., S. 25

57 A.a.O., S. 50 ff

58 A.a.O., S. 50

lich – die Gemeinschaft von Schachspielern. Auf dieser Grundlage kommt Hruschka zu dem Ergebnis, daß ein rechtswidriger Akt gleichbedeutend ist mit einem Selbstausschluß des handelnden Subjekts aus der Rechtsgemeinschaft. Die Zurechnung ist dann nur ein »deklaratorischer« Akt, der diesen Selbstausschluß aus der Gemeinschaft *konstatiert*.[59]

Das Problem dieser Position besteht offensichtlich in der Vereinbarkeit des Prinzips der Deutung mit demjenigen der Konstatierung. Wird eine Handlung zu einer solchen, indem sie als regelgeleitetes und damit subjektives Verhalten zugerechnet wird, so kann sie als Regelverletzung ebenso nur durch deutende Zurechnung festgestellt werden. Diese Deutung kongruiert nicht mit dem Selbstverständnis des handelnden Subjekts, sie ist in Bezug auf die konstituierte Rechtsgemeinschaft sogar unabhängig davon. Dann aber ist auch der »Selbstausschluß« eine Deutung von prinzipiell gleichem Status wie die Zurechnung als Konstitution einer Handlung. Das Vorliegen einer Handlung ebenso wie die Feststellung der Rechtswidrigkeit einer Handlung werden damit zu »Zügen« im Sprachspiel einer Rechtsgemeinschaft, die sich durch das »Funktionieren« des Zusammenhangs ihrer Regeln definiert und die Innen-/Außen-Differenz rein funktionalistisch codiert.[60] Es liegt eine Definition von Recht nahe als die „Struktur eines sozialen Systems, die auf kongruenter Generalisierung normativer Verhaltenserwartungen beruht",[61] wobei Zurechnung als Modus derjenigen symbolischen Erklärung aufgefaßt wird, die abweichendes Verhalten als „Faktum ohne Sollwert" darstellt und es damit aus dem kognitiven Prozeß der Bildung von Erwartungserwartungen isoliert.[62]

2.3 Zurechnung als »Askription«

Schließlich ist noch auf eine angelsächsische Diskussion über den Handlungsbegriff hinzuweisen, die von H.L.A. Harts Ausführungen über eine prinzipielle methodologische Differenz zwischen der Erkenntnis von Handlungen und derjeni-

---

59 A.a.O., S. 52

60 Ähnlich faßt G. Jakobs die Zurechnung als Funktion der Enttäuschungsverarbeitung zum Zwecke der Normstabilisierung auf. Diese Funktion erfüllt ein zurechnendes Urteilen durch die Vereinzelung des Täters als Ursache des Normbruchs, der sich damit nicht in einem endlosen Regreß in seine Bedingungskonstellation verflüchtigt, sondern in seinen Ursachen bestimmbar begriffen wird. (G. Jakobs, Regreßverbot beim Erfolgsdelikt, in: Zeitschrift für die gesamte Staatswissenschaft 89/1977, S. 1-35)

61 N. Luhmann, Rechtssoziologie, Bd. 1, Hamburg 1972, S. 105

62 N. Luhmann, Rechtssoziologie, Bd. 1, Hamburg 1972, S. 55 ff

gen von Ereignissen ausging.[63] Seine Behauptung war es, daß Sätze der Form »He did it« nicht primär nach ihrem deskriptiven Sinn verstanden werden können, sondern daß sie nach ihrer Hauptfunktion als »askriptiv« aufzufassen sind, indem darin Verantwortung für Handlungen zugeschrieben wird in Analogie zur Zuschreibung von Eigentumsrechten in Sätzen, die Possessivpronomina enthalten und der Form »This is his« entsprechen. Will jemand eine Handlung in einem sprachlichen Ausdruck darstellen, so können dafür nicht rein beschreibende Sätze verwendet werden, sondern nur solche Sätze, die in ihrer logischen Struktur eine Zurechnung von Verantwortlichkeit enthalten. Aufgrund dieses Elementes von Verantwortung kann »ascription« nicht nur wörtlich mit »Zuschreibung«, sondern in der von Hart verwendeten Bedeutung ebenso mit »Zurechnung« übersetzt werden.[64]

Erst 1960 fand Harts Theorie explizit kritische Beachtung. G. Pitcher formulierte den naheliegenden Einwand, daß wir in den meisten Fällen auch von Handlungen sprechen, wenn diese mit ihren Körperbewegungen identisch sind; es wird also ein Ereignisphänomen naturalistisch als Wirkung einer Ursache bzw. finalistisch als Folge eines Grundes bzw. einer Intention beschrieben.[65] Mangels Freiheitsspielraum ist eine Re-Deskription ausgeschlossen: der Satz »A schlägt X« bringt nur zum Ausdruck, „Wenn bestimmte positive Bedingungen erfüllt sind, wenn der Handelnde in diesem Fall also seinen Arm auf bestimmte Weise in unmittelbarer Nähe einer anderen Person bewegt, dann schlägt er jemanden."[66] Zu unterscheiden ist also zwischen Zuschreibungen »defizienter« Handlungen, mit denen wir eine Wertung bzw. die Wünschbarkeit oder auch die Notwendigkeit

---

63 H.L.A. Hart, The Ascription of Responsibility and Rights, in: Proceedings of the Aristotelian Society 49/1948, S. 171-194

64 M. Riedel wendet dagegen ein, es sei „unangemessen, Handlungen per definitionem für »zurechenbar« zu erklären, weil »Zurechnen« und »jemanden für etwas verantwortlich machen« primär Redehandlungen einer geschichtlich variierbaren *Praxis* und keine »gegenständlich« vorfindlichen »Merkmale« sind, die an einer Handlung »erkannt« werden könnten." (M. Riedel, Handlungstheorie als ethische Grunddisziplin. Analytische und hermeneutische Aspekte der gegenwärtigen Problemlage, in: H. Lenk, Hrsg., Handlungstheorien interdisziplinär, Bd. II,1, München 1978, S. 139-159, S. 150) M.E. kommen eben darin Zurechnungen und Handlungen überein: die Auffassung eines Verhaltens als Handlung geschieht nicht durch gegenständlich vorfindliche Merkmale, die an ihm erkannt werden könnten, sondern durch Redehandlungen einer geschichtlichen Praxis, zu denen gerade die Struktur der Zurechnung gehört.

65 G. Pitcher, Hart on Action and Responsibility, in: The Philosophical Review 69/1960, S. 226-235; übersetzt als »Handlung und Verantwortung bei Hart«, in: G. Meggle, Hrsg., Analytische Handlungstheorie, Bd. 1, Frankfurt/Main 1977, S. 225-238

66 G. Pitcher, Handlung und Verantwortung bei Hart, a.a.O., S. 235

einer Sanktionierung zum Ausdruck bringen, und solchen Handlungsbeschreibungen, mit denen wir keine Sollensfolge verbinden, wie z.B. »Er spielte Klavier«. Darüber hinaus weist Pitcher darauf hin, daß wir Verantwortung nicht unmittelbar in Bezug auf eine Handlung zuschreiben, sondern mittelbar in Bezug auf ihre Folgen und Konsequenzen. P.Th. Geach dagegen wendet sich gegen die von Hart verwendete Dichotomie von Deskription und Askription als solche und wirft dem Askriptivismus eine unzulässige Vermengung von »Benennen« und »Prädizieren« vor.[67] Im Gegenzug faßt er Handlungszuschreibungen als rein kausale Beschreibungen im Zusammenhang einer handlungstheoretischen Semantik auf, in der Handlungen generell mit Bezug auf Gründe und Ursachen erklärbar und damit als solche verständlich werden können.

Eine partielle Verteidigung und Reformulierung des askriptivistischen Grundgedankens hat daraufhin J. Feinberg unternommen.[68] Feinberg differenziert zwischen fünf verschiedenen Bedeutungen einer Zuschreibung von Verantwortung – von der Zuschreibbarkeit einer kausalen Funktion bis zu normwidrigen defizienten Handlungen und solchen Handlungen, bei denen durch Regeln eine bestimmte Reaktion zugeschrieben wird. Auf dieser Grundlage versucht er Handlungen als eine Funktion der Zuschreibung von Verantwortung zu beschreiben und befindet sich soweit in Übereinstimmung mit Hart. Dennoch könne jeder Handlungssatz entweder deskripiv oder askriptiv verwendet werden: „Wir *beschreiben* die Handlung von jemandem, wenn wir uns über ihn bereits Gedanken gemacht haben und uns nun die Frage stellen, was er getan hat – wenn es uns als nicht um die Frage geht, »*Wer* hat es getan?«, sondern um die Frage, »*Was* hat *er* getan?«. Geht es aber darum, jemandem eine Handlng *zuzuschreiben*, dann verfügen wir sozusagen bereits über die Handlung und wollen nun wissen, was wir mit ihr anfangen sollen, an wem wir sie festmachen sollen."[69]

Offensichtlich entspricht dies nicht der ursprünglichen Theorie von Hart, in der die Askription nicht als Ergänzung, sondern als Gegenbegriff zur Deskription verstanden wurde. Feinberg argumentiert deshalb weiter, Askriptivität setze in jedem Fall einen »nicht-reduzierbaren Ermessensspielraum« voraus, den er für jede der verschiedenen Bedeutungen einer Zuschreibung von Verantwortung nachzuweisen unternimmt. Dies gelingt ihm für die Fälle »strikter« Verantwor-

---

67 P.Th. Geach, Ascriptivism, in: The Philosophical Review 69/1960, S. 221-225; übersetzt als »Der Askriptivismus«, in: G. Meggle, Hrsg., Analytische Handlungstheorie, Bd. 1, Frankfurt/Main 1977, S. 239-245.

68 J. Feinberg, Action and Responsibility, in: M. Black, ed., Philosophy in America, London 1965, S. 134-160; übersetzt als »Handlung und Verantwortung«, in: G. Meggle, Hrsg., Analytische Handlungstheorie, Bd. 1, Frankfurt/Main 1977, S. 186-224.

69 J. Feinberg, Handlung und Verantwortung, a.a.O., S. 208

tung und defizienter Handlungen; und auch für eine kausal relevante Verantwortungszuschreibung sieht er Entscheidungsmöglichkeiten aufgrund der Vielzahl von Bedingungen, die wir für die Kausalität eines Ereignisses heranziehen können, so daß wir für die Bestimmung der Ursache auswählen und entscheiden müssen, welche wir als *die* Ursache ansehen wollen. Es gelingt jedoch nicht für die Fälle »einfacher« oder »Basis«-Handlungen, bei denen mangels Ermessensspielraum kein »Askriptum« möglich ist. Für diese Fälle will Feinberg deshalb Harts Theorie von Handlungen als Funktion ihrer Askriptivität nicht gelten lassen.

Weder Pitchers und Geachs kritische Einwände noch Feinbergs Reformulierungsversuch scheinen dem Fluchtpunkt von Harts Argument gerecht werden zu können. Harts Anliegen war die Klärung der Frage, wann wir ein Verhalten als eine *Handlung* auffassen, unabhängig davon, ob es um eine »einfache« Handlung geht oder eine solche, mit der wir – wie im Falle »defizienter« Handlungen – von vornherein eine normativ strukturierte Verantwortungszuschreibung verbinden. Der Satz »A hebt den Arm« kann ebenso wie der Satz »A schlägt X« sowohl zur Beschreibung eines Verhaltens wie auch einer Handlung dienen. Trotz gleicher sprachlicher Gestalt nehmen diese Sätze jedoch eine andere Bedeutung an, wenn wir mit ihnen nicht ein Verhalten, sondern eine Handlung beschreiben wollen. Bei Hart klingt dies an, wenn er den Ausdruck einer menschlichen Handlung nicht nur als »ascriptive«, sondern auch als »defeasible« – anfechtbar – bezeichnet.[70] Die Beschreibung der Handlung impliziert in ihrer logischen Struktur die Zurechnung von Verantwortlichkeit, während dies bei der Beschreibung eines Verhaltens nicht der Fall ist. Ob wir einen Satz wie »A hebt den Arm« als Verhaltens- oder als Handlungsbeschreibung auffassen, ist dabei kontextabhängig; steht er in einem Lehrbuch der Anatomie, so werden wir das erstere annehmen, steht er jedoch in den Prozeßakten eines Verfahrens, in dem es um die Gültigkeit eines auf einer Auktion zustande gekommenen Vertragsabschlusses geht, so werden wir die letztere Bedeutung unterstellen.[71] Möglicherweise ergeben sich viele Probleme mit Harts askriptivistischer These einfach daraus, daß sie den Horizont der analytischen Handlungstheorie sprengt und als gedanklichen Hintergrund ei-

70 H.L.A. Hart, The Ascription of Responsibility and Rights, in: Proceedings of the Aristotelian Society 49/1948, S. 171-194, S. 187

71 H. Lenk faßt die Zuschreibung zu einem Akteur gerade als ein – relatives – Kriterium dafür auf, daß es sich um eine Handlung handelt, wobei die Zuschreibung notwendig eine interpretatorische Komponente enthält und insofern eine *Beschreibung* ist (Handlung als Interpretationskonstrukt, in: H. Lenk, Hrsg., Handlungstheorien interdisziplinär, Bd. II,1, München 1978, S. 279-350, S. 314 ff).

nen hermeneutischen Ansatz verlangt, der in der Lage ist, Bedeutungen kontextabhängig spezifiziert aufzufassen.[72]

Mit den bisherigen grundlegenden Erörterungen zu den Begriffen Verbrechen und Strafe und dem Begriff der Zurechnung als konstitutivem Gedanken zur Verbindung beider Begriffe in einem System des Rechts in seiner Unterscheidung von einem Kausalzusammenhang ist ein Problemhintergrund geschaffen, vor dem nunmehr die zwei Paradigmen der Straftheorie untersucht werden sollen, die in allen Begründungen der staatlichen Kriminalstrafe in den verschiedensten Variationen und Gestalten immer wiederkehren: Retributivismus und Präventionismus. Beide Theorien verbinden das Verbrechen auf ihre spezifische Weise mit der staatlichen Strafe, und beide Theorien müssen das Phänomen des Verbrechens deshalb auf charakteristische Weise auffassen. Insbesondere aber soll das Augenmerk darauf gelegt werden, wie die beiden Konzeptionen die Verbindung zwischen Verbrechen und Strafe vornehmen und in die Wirklichkeit des Rechts bzw. des staatlichen Strafanspruchs einfließen lassen.

Unter dieser Perspektive ist schließlich die Frage zu stellen, ob und inwieweit neuere Konzeptionen des Strafrechts, die neue Sanktionen für Normverletzungen bereitstellen wollen, die Dichotomie zwischen Retributivismus und Präventionismus zu überwinden geeignet sein können. Insbesondere muß es jedoch auch dabei um die Ausgestaltung des Begriffs des Verbrechens gehen, der die Grundlage für die nähere Bestimmung der Verbindung zwischen Verbrechen und staatlicher Kriminalstrafe darstellt. Hier sind vor allem zu nennen die Konzeptionen der Resozialisierung als Strafzweck sowie neuere Gedanken zur gesellschaftlichen Konfliktbeilegung wie Täter-Opfer-Ausgleich und Mediation, speziell im Strafrecht. Solche Konzeptionen sind ja nicht unabhängig von einer bestimmten Auffassung von der Natur des Verbrechens und daraus folgend von der Natur des staatlichen Strafanspruchs aufzufassen. Vorgreifend kann jedoch gesagt werden, daß von einer »Natur« des Verbrechens in erster Linie in der Konzeption des Retributivismus die Rede sein kann. Möglicherweise können Präventionismus ebenso wie die Konzeptionen der Resozialisierung, des Täter-Opfer-Ausgleichs und der Mediation gerade als Versuche verstanden werden, auf eine so anspruchsvolle Begrifflichkeit wie die von einer »Natur« des Verbrechens möglichst zu ver-

72 Vgl. dazu auch die Ausführungen bei E. Sandermann, der den diskursiv-dialogischen Charakter von Harts Handlungsbegriff betont: „nicht die etwaige Vorwerfbarkeit von Handlungen bei Verfehlungen ist es, was Hart interessiert, sondern zu zeigen, daß alles, was als Handlung apostrophiert wird, schon immer – einem Rechtsstreit ähnlich – in foro kompetenter Sprecher verhandelt wird, zu denen auch der Handelnde selbst prinzipiell und systematisch hinzugehören muß.“ (Die Moral der Vernunft. Transzendentale Handlungs- und Legitimationstheorie in der Philosophie Kants, Freiburg/München 1989, S. 181)

zichten. Dies wird dann jedoch auch die Ausgestaltung der Verbindung zwischen Verbrechen und Strafe nicht unbeeinflußt lassen, wie sie in diesen Konzeptionen gefunden werden muß.

3. Utilitarismus und Generalprävention

3.1 Das utilitaristische Prinzip

Den anthropologischen Hintergrund der Anfänge der angelsächsischen utilitaristischen Straftheorie hat J. Bentham so formuliert:[73] „Nature has placed mankind under the governance of two sovereign masters, pain and pleasure. It is for them alone to point out what we ought to do as well as to determine what we shall do. On the one hand the standard of right and wrong, on the other the chain of causes and effects, are fastened to their throne."[74] Damit ist im Grunde schon der Weg frei zur Formulierung der einfachsten Gestalt des utilitaristischen Prinzips, das bei Bentham schlicht lautet: „it is the greatest happiness of the greatest number that is the measure of right and wrong".[75] Bentham beanspruchte damit letztlich, alle metaphysischen und religiösen Verpflichtungen aus der Begründung der ethischen Sollenssätze ausschließen zu können.[76] Nicht mehr die Lehren eines durch einen Religionsstifter offenbarten heiligen Textes sollten demnach über das richtige Handeln entscheiden können, und auch die Ableitung aus der reinen praktischen Vernunft oder aus Prinzipien, deren Geltung wir als gesichert annehmen können, sollte ausgeschlossen werden.[77]

In diesem – negativen, d.h. ausschließenden – Sinne erscheint das utilitaristische Prinzip durchaus der modernen pluralistischen Gesellschaft und der ihr entsprechenden Staatsverfassung angemessen. In einer Lage, in der es keine allgemein verbindlichen religiösen oder weltanschaulichen Weltdeutungen mit ethisch

---

73 Vgl. zum Zusammenhang der Philosophie von Bentham Lyons, D., In the Interest of the Governed. A Study in Bentham's Philosophy of Utility and Law, Oxford 1991.

74 Bentham, Jeremias, An Introduction to the Principles of Morals and Legislation, in: ders., Works, vol. I, New York 1948, p. 1

75 Bentham, Jeremias, A Fragment on Government, London 1951, p. 93

76 Zu den praktischen Auswirkungen der Theorie Benthams vgl. Pollard, Sidney, Der klassische Utilitarismus. Einflüsse, Entwicklungen, Folgen, in: Gähde, Ulrich/Schrader, Wolfgang H., Hrsg., Der klassische Utilitarismus, Berlin 1992, S. 10-33; sowie Schofield, Thomas, Jeremy Bentham und die englische Jurisprudenz im 19. Jahrhundert, a.a.O., S. 34-82; und Coing, Helmut, Benthams Bedeutung für die Entwicklung der Interessenjurisprudenz und der allgemeinen Rechtslehre, in: Archiv für Rechts- und Sozialphilosophie 1968, S. 69-88.

77 Vgl. Crimmins, James, Bentham on Religion. Atheism and the Secular Society, in: Journal of the History of Ideas 1986, S. 95-110.

sinnstiftendem Status mehr gibt, sondern eine Pluralität von Staatsbürgern mit disparaten Weltanschauungen in einer gemeinsamen Staatsverfassung friedlich leben müssen, kann der Rekurs auf metaphysische Weltorientierungen kaum mehr Sinn machen, um die Regeln des menschlichen Zusammenlebens zu bestimmen. Daraus folgt, daß solche Orientierungen auch dann nicht mehr sinnvoll und mit der Chance auf allgemeine Anerkennung angewandt werden können, wenn es darum geht, die Sanktionen zu bestimmen, die dem einzelnen Bürger bei Verletzung dieser Regeln widerfahren sollen. Benthams allgemeines Prinzip scheint also soweit dem Stand einer Begründung des Strafrechts im Status einer pluralistischen Rechtsgemeinschaft zu entsprechen.[78]

Das Problem beginnt jedoch dann, wenn nach einer näheren Bestimmung dessen gefragt wird, wie Schmerz (pain) und Lust (pleasure) im gesellschaftlichen Zusammenhang näher ausgezeichnet werden sollen. Es handelt sich ja nicht um die private Stellungnahme zu den eigenen Gefühlen, sondern es handelt sich bei der Grundlegung staatlicher Institutionen wie etwa dem Strafrecht um gesellschaftlich bewertete Zustände von Schmerz und Lust. Ein erster Schritt zur gesellschaftlichen Bewertung von Gefühlen geschieht bei Bentham nun, wenn er Kriterien zur Bewertung von Handlungen in Bezug auf ihren Einfluß auf den Lust-/Schmerz-Haushalt der »größten Zahl« aufstellt. Solche Kriterien sollen etwa sein: die Intensität und Dauer des verursachten Gefühls, seine Gewißheit in Bezug auf die Erwartung, sein Bewußtheitsstatus (was Bentham durch den Begriff »propinquity« zum Ausdruck bringt), aber auch der Zusammenhang mit anderen gleichen bzw. mit anderen entgegengesetzten Gefühlen, also die Wahrscheinlichkeit, daß ein Gefühl gleiche Gefühle nach sich zieht, bzw. die Wahrscheinlicheit, daß ein Gefühl in der Folge die ihm entgegengesetzten Gefühle mit sich bringen wird.[79]

Eine gesellschaftliche Institution, die dem Anspruch einer metaphysik- und glaubensüberzeugungsfreien Begründung genügen können soll, muß demnach so geartet sein, daß sie gemäß diesen Kriterien Schmerz bzw. Leiden vermeidet und entsprechend das von den Mitgliedern der Gesellschaft erreichbare Maß an Lust bzw. Vergnügen maximiert. Als wichtiges Ergebnis dieser Kriteriologie ist zu-

78 J. Nida-Rümelin macht darauf aufmerksam, daß es sich hier um ein objektives und nicht um ein subjekt-zentriertes Kriterium handelt, wenn der klassische Utilitarismus eine Handlung genau dann als wohlbegründet bezeichnet, wenn sie die Nutzensumme maximiert: „Die Theorie des Rechten überträgt sich auf die Theorie legitimer Handlungsgründe, sie schränkt die Menge moralisch zulässiger subjektiver Handlungsgründe ein." (Nida-Rümelin, J., Kritik des Konsequentialismus, München 1995, S. 174)

79 Bentham, Jeremias, An Introduction to the Principles of Morals and Legislation, in: ders. Works, vol. I, New York 1948, p. 16

nächst jedoch zu beachten, daß die staatliche Verfassung eine Entscheidung über Lust und Unlust trifft, die nicht mit der unmittelbaren Beurteilung durch die empfindungsfähigen Wesen übereinstimmt, die letztlich die Subjekte von Lust und Unlust sind.[80] Man könnnte auch sagen: eine gesellschaftliche Auszeichnung von Lust und Unlust als Kriterien für die richtige Einrichtung der staatlichen Institutionen ist nur um den Preis einer Abstraktion von der individuellen und subjektiven Qualität der entsprechenden Empfindungen möglich. Mit Kriterien wie Dauer und Intensität, mehr noch mit Bewußtheit oder Zukunftsorientierung im Sinne eines Versprechens auf mehr Lust oder mehr Unlust werden Gefühle bewertet, und es ist nicht von vornherein gesichert, daß solche Bewertungen den empfindenden Menschen entsprechen.

Als Staatsbürger müssen die Menschen als Empfindungswesen also von der unmittelbaren Lust-/Unlust-Qualität ihrer Gefühle verzichten lernen, wenn sie überhaupt mit ihrer Gefühlswelt und deren Qualität in die Dimension der staatlichen Institutionen eintreten können und dort Bedeutung für die Gestaltung der Institutionen haben können sollen. Die anthropologische Grundlegung der anfänglichen utilitaristischen Lehre in Bezug auf die Begründung staatlicher Institutionen nimmt damit eine Gestalt an, in der mehr Annahmen notwendig werden als nur die Orientierung an der Gewinnung von Lust und der Vermeidung von Unlust als letzter Fundierung der Entscheidungen über das Richtige und das Falsche. Gemäß Benthams Kriterien wird der Mensch als Staatsbürger als empfindendes und seine Empfindungen bewertendes Wesen also nur relevant, wenn er seine Gefühlswelt unter dem Vorzeichen der Erstreckung in der Zeit bewertet, sie auf einer Skala von Intensitätswerten gleichnamig macht, verschiedene Grade der Bewußtheit im Verhältnis zu seinen Empfindungen mit Bedeutung zu deren Lust-/Unlust-Wert berücksichtigt und seine Empfindungen unter dem Vorzeichen dieses Wertes in einen Zusammenhang bringt, in dem sie ihren Wert aus ihrem Verhältnis zu gleichen bzw. entgegengesetzten in der ursächlichen und zeitlichen Abfolge gewinnen.

Damit ist aber ein entscheidender Schritt über die Begründung der ethischen Qualität staatlicher Institutionen mit Hilfe des Lust-/Unlust-Mechanismus hinaus getan. Offensichtlich nimmt die utilitaristische Ausgangsposition dann, wenn sie für eine solche Begründung überindividueller Handlungsregelungen eingesetzt werden soll, mehr in Anspruch als nur die dem Anspruch nach ideologie- und weltanschauungsfreie Orientierung an den Lust- und Unlust-Empfindungen der

---

80 Vgl. Höffe, Otfried, Zur Theorie des Glücks im klassischen Utilitarismus, in: ders., Ethik und Politik. Grundmodelle und Probleme der praktischen Philosophie, Frankfurt/Main 1979, S. 120-159; sowie Kraut, Richard, Two Concepts of Happiness, in: The Philosophical Review 1979, S. 167-197.

Staatsbürger. Solange eine solche Orientierung besteht, kann sie gerade nicht den Staatsbürger in ihre Überlegungen einbeziehen, sondern nur das vor-staatlich und in einem Status ohne gesellschaftliche Bewertungen und Zuschreibungen lebende Einzelwesen. Sobald der Mensch als Staatsbürger in die Theorie des Utilitarismus eintritt, kann es nicht mehr um die einfache und selbstbezogene Orientierung an seinen Lust-/Unlust-Zuständen gehen, sondern es müssen Kriterien herangezogen werden, die diese Zustände im gesellschaftlichen Zusammenhang vergleichbar und damit erst artikulierbar machen. Während der Mensch in seinem – gedachten – vor-staatlichen Status ohne gesellschaftliche Institutionen als Wesen gedacht werden kann, das die Normen für Gut und Böse aus seinem eigenen Lustprinzip entnimmt, ist der Mensch als Staatsbürger ein Wesen, dessen für die Ausarbeitung staatlicher Institutionen relevante Normen durch eine Bewertung seines Lustprinzips nach allgemeinen und von anderen geteilten Maßstäben zustande kommen.

3.2 Das Problem der utilitaristischen Artikulation

Man könnte hier vom »Artikulationsproblem« des Lustprinzips sprechen. Dieses Problem kann nur dann vernachlässigt werden, wenn davon ausgegangen werden könnte, daß die Artikulation dessen, was zu Lust und Unlust gehört, nichts an deren Substanz verändert, so daß die Empfindungen genau so in den gesellschaftlichen Zusammenhang der Bestimmung von Institutionen eingehen können, wie sie für den artikulierten Zustand des bloßen Selbstverhältnisses des Menschen als eines Lust-/Unlustwesens gelten. In diesem Fall würde die Artikulation nichts dazutun und nicht abziehen. Enthält die Artikulation jedoch eine Umwertung und Umformung dessen, was – gewissermaßen »naturwüchsig – im Zustand des Einzelwesens Mensch in Bezug auf seine Empfindungen unter dem Vorzeichen von Lust und Unlust vorhanden war, so repräsentiert das soziale Wesen Mensch nicht mehr die reine Orientierung am Lust-/Unlust-Prinzip, sondern eine durch soziale Bewertungs- und Zuschreibungsmaßstäbe vermittelte Orientierung, in die infolgedessen auch gesellschaftliche Faktoren eingehen, die selbst schon die Ausarbeitung staatlicher Institutionen in ihrer Fluchtlinie ins Auge fassen.

Wenn die gesellschaftlichen Institutionen also nur dann nach ihrem ethisch begründbaren Wert bestimmt werden können, wenn Lust und Unlust artikuliert auftreten, so sind die in diese Institutionen eingehenden Ausformungen von Lust und Unlust selbst durch eine Artikulation bestimmt, die selbst wiederum nicht nur eine Eigengesetzlichkeit aufweist, sondern auch die Orientierung an ihrem Ziel – also der Orientierung an staatlichen Institutionen – bestimmt wird. Schon als Artikulation allein geschieht jedoch eine Bestimmung, die Lust und Unlust von ihrer reinen Bestimmtheit durch sich selbst bzw. durch das Einzelwesen Mensch wegführt. Indem Lust und Unlust artikuliert werden müssen, sind sie schon bestimmt durch die Notwendigkeit, von anderen Menschen verstanden werden zu müssen.

Letztlich geht dies darauf zurück, daß wir uns in unserer Weltsicht und unseren fundamentalen Überzeugungen in einem gewissen Mindesmaß an die Menschen anschließen müssen, mit denen wir uns verständigen wollen und gegenüber denen wir uns deshalb artikulieren. Das heißt nicht, daß wir in allen Fragen der Welt mit den Gesprächspartnern übereinstimmen müssen, wir müssen uns vielmehr gerade dann an ihre Überzeugungen anschließen können, wenn wir unsere abweichenden Meinungen und Ansichten artikulieren wollen. Die Bestimmung von Lust-/Unlust-Zuständen, die sie für die Ausarbeitung staatlicher Institutionen relevant werden läßt, gerät mit dem Artikulationsproblem also in ein Problem, das wir als »Anschlußproblem« bezeichnen könnten. Dieses Problem ist zu lösen, wenn wir jene Zustände so weit allgemein machen, daß sie an die Vorstellungen und damit an die entsprechenden Zustände anderer Menschen angeschlossen werden können, die eben damit als Entsprechungen unserer eigenen Empfindungszustände deutlich und artikulierbar werden.

Damit wird den Lust-/Unlust-Zuständen des vor-staatlichen Einzelwesens jedoch eine neue Qualität mitgeteilt, von der nicht a priori gesichert erscheint, daß sie mit der vor-artikulierten und vor dem Anschluß an die Gemeinschaft der sprach- und damit sozialfähigen Wesen liegenden Lust-/Unlustsituation identisch ist. Diese Situation liegt im Status der Artikulation und der sprachlichen Anschließung an die soziale Gemeinschaft gewissermaßen hinter einem Schleier der Bestimmtheit, der ihr durch den Ausdruck im gesellschaftlichen Zusammenhang vermittelt wird. Damit aber haben die unbestimmten Gefühle von Unlust (pain) und Lust (pleasure) ihre Unschuld verloren, die ihnen im paradiesischen Zustand ihrer fehlenden Ausdrucksnotwendigkeit die Eignung verschaffen konnten, als autonome erste Grundlagen für die Begründung dessen, was im gesellschaftlichen und staatlichen Zusammenhang richtig und falsch heißen kann, gelten zu können. Nun scheint es vielmehr so, daß gerade ersten Prinzipien dann, wenn sie zur Begründung staatlicher Institutionen herangezogen werden, zu zweiten und damit abgeleiteten Prinzipien werden, die also selbst von der Faktizität derjenigen gesellschaftlichen Institutionen abhängig sind, die sie doch erst nach ihrer ethischen Richtigkeit begründen sollten.

Hier ist zu berücksichtigen, daß derjenige gesellschaftliche Zusammenhang, in dem Lust-/Unlust-Zustände artikuliert werden müssen und können, um mit anderen zu einer Übereinstimmung über die richtige Gestaltung der Formen des Zusammenlebens im Staat und seinen Institutionen gelangen zu können, selbst schon Institutionen voraussetzt, die Bedingungen seines eigenen Gelingens darstellen. Dabei muß nicht an die ausdifferenzierten Institutionen soziokulturell hoch entwickelter Gesellschaften gedacht werden. Es genügt, wenn hier an die Institution der gemeinschaftlichen Sprache und die Regeln des verständigungsorientierten Sprechens erinnert wird. Sobald die Artikulation über die unstrukturierten und an der unmittelbaren Handlungsdurchführung orientierten Kommunikationen primitiver Gesellschaftsverbände hinausgeht, so findet er in Institutionen statt, die einen gesellschaftlichen Diskurs ermöglichen. Dabei kann es sich um die agora handeln, den rituell aufgesuchten Versammlungsplatz, die Gemeindeversammlung, aber auf höherer Vergesellschaftungsstufe ist hier dann auch an die Medien verschiedenster Art zu denken, die den gesellschaftlichen Diskurs organisieren. Solche Diskurse finden innerhalb von Institutionen statt, die selbst auf ethischen Grundlagen aufruhen.

Damit lautet das weitere Ergebnis, daß die Artikulation von Lust-/Unlust-Zuständen, die der ethischen Begründung von Institutionen dienen soll, bereits unter der Voraussetzungen der Geltung von Institutionen geschieht und nicht in einem institutionenfreien Raum reiner und bestimmungsloser – d.h. gesellschaftsfreier – Kommunikation. Man könnte die Lage also mit der eines Schiffes vergleichen, das nicht im Trockendock umgebaut werden kann, sondern das auf hoher See repariert werden muß, um seine Seetüchtigkeit erhalten zu können. Die Institutionen müssen also beibehalten und in ihrer Funktionalität erhalten bleiben, um Institutionen überhaupt auf der Grundlage von Lust-/Unlust-Zuständen bewerten und ethisch begründen zu können. Demnach handelt es sich bei der Berufung auf die primäre Bedeutung von Leiden und Lust also nicht um eine letzte Begründung auf nicht weiter hinterfragbare erste Grundlagen, die von sich aus die Möglichkeit ergeben, alles weitere auf feste Fundamente stellen zu können. Es handelt sich vielmehr auch im Falle von Lust und Unlust um »vorletzte« Prinzipien, die selbst wieder auf dem beruhen, was durch sie erst begründet werden soll. Demnach scheint der Gedanke an einen Kreisprozeß näher zu liegen als die Vorstellung von einem linearen Prozeß der Begründung gesellschaftlicher und staatlicher Institutionen im Ausgang von einem letztgültigen Prinzip, das einen ersten Anfang gewähren könnte.

3.3 Utilitarismus und Strafrecht

Diese Problemlage überträgt sich nun auch auf die utilitaristische Begründung des Strafrechts, wenn Bentham auf der Grundlage des Wertungsprinzips Lust/ Unlust das allgemeine Ziel staatlicher Gesetzgebung näher zu bestimmen sucht, das er so formuliert: „When any act has been committed which is followed, or threatened to be followed, by such effects as a provident legislator would be anxious to prevent, two wishes naturally and immediately suggest themselves to his mind: first to obviate the danger of the like mischief in future; secondly, to compensate the mischief that has already been done."[81] Um künftiges Unheil zu verhindern und das schon geschehene Unheit zu kompensieren, dafür sieht Bentham nun hauptsächlich drei Mittel: das künftige Unheil soll verhindert werden, indem dem Täter die physischen Mittel zur Begehung von Straftaten genommen werden (was prinzipiell von der Einschließung über den Entzug materieller Mittel bis hin zur Todesstrafe gehen kann); indem dem Täter die negative Lust-/Unlust-Bilanz seiner Tat durch die Höhe der Strafe vorgeführt wird, was einen Appell an seine Rationalität und seinen individuellen Nutzen-Kalkül darstellt (Bentham spricht hier von »reformation«, worunter allerdings nicht das Resozialisierungsprinzip zu verstehen ist); und schließlich, indem dem potentiellen Täter das zu erwartende negative Ergebnis seines Nutzen-Kalküls durch das abschreckende Beispiel der Bestrafung anderer vorgeführt wird (Bentham nennt dies »intimidation«).[82]

Darüber hinaus ist anzumerken, daß Bentham auch ein Pendant zu einer utilitaristischen Reformulierung des Retributionsprinzips kennt, wenn er darauf hinweist, daß Strafzweck als »collateral end« auch sein kann, „that of affording a pleasure or satisfaction to the party injured, where there is one, and, in general, to parties whose ill-will ... has been excited by the offence."[83] Es geht hier also darum, jenen einen Lustgewinn zu verschaffen, denen durch die Tat eine Lustminderung zugefügt worden ist. Dabei muß es sich keineswegs nur um das Opfer oder seine Angehörigen handeln. Es kann auch solche Personen betreffen, die sich durch die Tat entweder in ihren moralischen, ästhetischen oder normativen Vorstellungen gestört fühlen,[84] und deren negative Gefühle durch die Bestrafung der Tat ausgeglichen werden können, indem ihnen die Lust der Sanktion verschafft wird, also das Gefühl, daß der Verbrecher seiner Strafe zugeführt wurde. Allerdings beschränkt er diese Nebenwirkung der Strafe auch durch die Überlegung, daß „no such pleasure is ever produced by punishment as can be equivalent to the pain."[85]

Das Lust-/Unlustprinzip auf der Grundlage der Gefühle des Leidens und der Lust wirkt sich hier also in einer besonderen Weise aus. Eine retributivistische

81 Bentham, Jeremias, Principles of Penal Law, in: ders., Works, vol. I, New York 1948, p. 396

82 Bentham, Jeremias, Principles of Penal Law, in: ders., Works, vol. I, New York 1948, p. 396

83 Bentham, Jeremias, An Introduction to the Principles of Morals and Legislation, in: ders., Works, vol. I, New York 1948, p. 83

84 Bentham schreibt an der zitierten Stelle ausdrücklich von »on the account of sympathy or antipathy«.

85 Ebd.

Strafbegründung ist nicht prinzipiell in der utilitaristischen Reformulierung ausgeschlossen, sondern als zentrale Strafbegründung ausgeschlossen wird dies nur durch das empirische Argument, der Lustgewinn durch die Bestrafung könne das Leiden durch die Tat nicht ausgleichen, weil der erstere dem zweiteren nicht proportional sei. Damit behält sich Bentham im Grunde die Möglichkeit offen, auch das so verstandene retributivistische Argument in die utilitaristische Konzeption einzubeziehen, wenn denn die empirische Lage anders aussehen sollte und der Lustgewinn durch die Strafe das Leiden durch die Tat übersteigen könnte.[86] Damit ist bereits vordeutend ein wichtiger Aspekt der utilitaristischen Straftheorie angesprochen. Grundsätzlich erscheint ja auch eine Retribution in das utilitaristische Nutzen-Kalkül einbeziehbar, wenn sie nur entsprechend in Lust-/Unlust-Begriffen reformuliert werden kann. Das Prinzip der Retribution widerspricht dem Utilitarismus also nur dann, wenn es radikaler durchgeführt wird und auf den Eigenwert der Tat abstellt, aus dem sich der Eigenwert der Strafe ergeben muß.

Aus diesen Differenzierungen ergibt sich für Bentham jedoch eine einzige »reale« Begründung des Strafrechts: „General prevention ought to be the chief end of punishment as it is its real justification."[87] Dennoch sollte beachtet werden, daß Bentham auch umfangreiche Überlegungen zur Verbrechensvorbeugung ohne Anwendung strafrechtlicher Mittel anstellt.[88] Daraus ist vor allem zu entnehmen, daß hier nicht eine Fixierung auf das Strafrecht stattfindet, sondern die Strafrechtsbegründung im weiteren Zusammenhang des utilitaristischen Systems steht, das in Bezug auf das Phänomen des Verbrechens nicht auf das Strafrecht beschränkt ist. In diesem Zusammenhang ist auch darauf hinzuweisen, daß nach Bentham eine Strafe »unnötig« ist und folglich nicht gerechtfertigt werden kann, wenn das Unheil der Tat auch mit geringeren Mitteln zu verhindern ist. Vorbeugung kommt also auch im utilitaristischen Kalkül vor Strafen.

---

86 Verschiedene neuere utilitaristische Theorien beziehen das Rachemotiv auf andere Weise in den Nutzen-Kalkül ein, indem sie darauf abstellen, daß der durch die gesetzliche Strafe zu verhindernde Schaden gerade die außergesetzliche Rache betrifft. Nach der Position von L. Perkins etwa ist das Strafrecht nur gerechtfertigt unter der Voraussetzung der Situation der außergesetzlichen Rache, deren Abschaffung prinzipiell den Nutzen des Strafrechts darstellt (Perkins, Lisa H., Suggestion for a Justification of Punishment, in: Ethics 1970, S. 55 ff). Ähnlich sieht A.C. Ewing eine potentielle Funktion des Strafrechts in der Abwendung der illegalen Befriedigung von Rachewünschen (Ewing, Alfred Cyril, The Morality of Punishment, Montclair 1970, S. 71 f).

87 Bentham, Jeremias, Principles of Penal Law, in: ders., Works, vol. I, New York 1948, p. 83

88 Bentham, Jeremias, Principles of Penal Law, in: ders., Works, vol. I, New York 1948, p. 533 ff

Dennoch bleibt die Generalprävention die zentrale Begründung für ein Strafrecht nach dem utilitaristischem Kalkül, so wie Bentham es versteht. Dazu muß die Strafe geeignet sein, Leiden hervorzurufen, das nach seinem Ausmaß und seiner Art fähig ist, solches Leiden zu verhindern, das zuzufügen das Gesetz verbietet: „all punishment is mischief; all punishment in itself is evil."[89] Insofern wird durch die Strafe das Glück eben der Gesellschaft gemindert, deren »pleasure« durch eben diese Strafe erhöht werden soll. Das Paradox der Strafe ist Bentham also bereits wohl bekannt. Der Schluß daraus ist, daß auch die Interessen des Straftäters in die Kalkulation des Gesamtergebnisses der Strafe ausgedrückt im Nutzenkalkül einzubeziehen ist. Es geht also im utilitaristischen Kalkül gerade nicht um die Opferung des Täters zugunsten eines abstrakten Prinzips. Gerade seine Lust-/Unlust-Situation ist vielmehr konstitutiv in die Begründung der Strafe und in deren Bemessung einzubeziehen. Damit unterscheidet er sich etwa fundamental von Kants Auffassung, derzufolge der verurteilte Mörder auch dann noch hingerichtet werden müsse, wenn die staatliche Gemeinschaft bereits beendet ist und keine präventive Wirkung zur Verhinderung künftiger Straftaten mehr von seiner Bestrafung ausgehen könne. Dies ergibt sich schon daraus, daß es im utilitaristischen Sinn nicht um das Prinzip des Bestrafens von Unrecht geht, sondern um eine funktionalistisch-pragmatische Auffassung von der Sinnhaftigkeit der Strafe in der Verhinderung künftiger Straftaten, also der Verhinderung künftiger Minderungen des Glückes der größten Zahl.

Zu den negativen Auswirkungen der Strafe, die berücksichtigt werden müssen, gehört im übrigen nicht nur die Verminderung des Lust-/Unlust-Status des Straftäters, sondern auch aller anderen Personen, bei denen eine solche Wirkung unterstellt werden kann. Dazu gehören etwa die Angehörigen oder Freunde des Täters, die durch »pain of sympathy« mitleiden würden. In das Kalkül eingehen müssen jedoch auch die Ablehnungsgefühle der Teile der Bevölkerung, die die Bestrafung des Täters überhaupt oder gerade in der gegebenen Form ablehnen. Darüber hinaus ist der Nachteil zu berücksichtigen, der durch das verminderte Ansehen des Staates bei anderen Staaten entsteht, die die praktizierten Formen der Bestrafung ablehnen. Schließlich ist ein weiterer Faktor die mögliche gesellschaftliche Nützlichkeit des Täters, die durch seine Bestrafung vermindert wird, und die als Herabsetzung des Nutzens der Gesellschaft durch die Bestrafung in die Rechnung einzutragen ist.[90]

---

89 Bentham, An Introduction to the Principles of Morals and Legislation, in: ders., Works, vol. I, New York 1948, p. 83

90 Bentham, Jeremias, An Introduction to the Principles of Morals and Legislation, in: ders., Works, vol. I, New York 1948, p. 85 f

Wenn das staatlich verhängte Leiden als Strafe ausschließlich durch seine Effektivität für die Verhinderung zukünftiger Leidenszufügung durch Straftaten gerechtfertigt ist, so erscheint es nur folgerichtig, daß grundsätzlich im Zentrum des utilitaristischen Interesses eigentlich nicht die Strafe als solche im Sinne einer Zufügung von Leiden für den Täter steht, sondern die Publizität der Bestrafung. Zugespitzt formuliert kommt es in erster Linie nicht darauf an, den Täter zu bestrafen, sondern für alle potentiellen Täter deutlich zu machen, daß sie bei Begehung einer Straftat eine solche Strafe zu erwarten haben, die geeignet ist, sie von ihren Plänen abzubringen. Bentham bringt dies dadurch zum Ausdruck, daß er darauf hinweist, die Hinrichtung eines Täters in effigie sei grundsätzlich genauso sinnvoll wie die tatsächliche Hinrichtung, wenn dadurch potentielle Täter abgeschreckt werden: „If hanging a man in effigy would produce the same salutary impression of terror upon the minds of the people, it would be folly or cruelty ever to hang a man in person."[91]

Aus dieser Zuspitzung der Konsequenzen einer strikt utilitaristischen Straftheorie ist deren Status besonders gut zu erkennen. Es geht letztlich nur um die Wirksamkeit, nicht um irgendeinen intrinsischen Wert der Strafe selbst. Eine staatliche Strafandrohung ist im Grunde immer dann gerechtfertigt, wenn aufgrund von Überlegungen technischer Rationalität zu erwarten ist, sie könne zur Vermeidung von Straftaten beitragen. Die Strafe selbst steht dabei in einer Hilfsfunktion im Verhältnis zur Strafandrohung. Die tatsächliche Strafe muß nur verhängt werden, um die Strafandrohung glaubhaft zu machen, nicht aus einem wie auch immer zu bestimmenden Verhältnis zwischen der Tat und der Strafe. Gäbe es Möglichkeiten, die Strafandrohung ohne tatsächliche Strafverhängung mit der gleichen Glaubwürdigkeit auszustatten, so wäre nach utilitaristischer Sicht die Strafe sogar kontraproduktiv, weil sie durch die Zufügung eines zusätzlichen Leidens das Glück der größten Zahl letztlich verringern würde. Zwischen Strafe und Tat besteht also nach dieser Theorie des Strafrechts der Zusammenhang eines Kalküls, der im Prinzip in einen quantitativen Zusammenhang zu überführen wäre, so daß die Strafbarkeit einer Handlung und die Höhe der Strafandrohung nach dieser prinzipiellen Überlegung sogar »ausgerechnet« werden könnte. Es könnte also ein Computerprogramm entworfen werden, das das Strafrecht gemäß den Vorgaben des utilitaristischen Nutzenkalküls ausarbeitet.

Daß eine solche Überlegung im Prinzipiellen verbleiben muß, hängt mit der bereits angedeuteten Problematik der fehlenden Quantifizierbarkeit der Leidenszufügung zusammen. Darüber hinaus fehlen solche mathematisch formulierbaren Funktionen, die einen eindeutigen Zusammenhang zwischen der Androhung von

---

91 Bentham, Jeremias, Principles of Penal Law, in: ders., Works, vol. I, New York 1948, p. 399

Leidenszufügung und dem Ablassen von kriminellen Plänen potentieller Straftäter herstellen könnten. Aber diese Probleme sind doch Schwierigkeiten mangelnden Wissens, nicht Probleme theoretischer bzw. begrifflicher Art. Sie stellen sich nicht auf der theoretischen, sondern auf der faktischen Ebene. Nichtsdestoweniger bleibt als weiteres Ergebnis doch festzuhalten, daß das utilitaristische Kalkül auf Hilfsverfahren der Schätzung, der Lebenserfahrung und der Motivforschung zurückgreifen muß, um das Prinzip der Errechenbarkeit des Strafrechts in der Praxis des Rechts aufrechthalten zu können.

Damit ist die zunächst einfach erscheinende Orientierung an dem Prinzip von Lust und Unlust und an dem Ziel der Minimierung von Leiden (pain) und der Maximierung von Lust (pleasure) in die Wirklichkeit der Strafrechtspolitik zurückgeholt, in der an die Stelle eines mit den Mitteln kalkulatorischer Rationalität prozessierenden Funktionszusammenhangs das Prinzip der Politik tritt, in dem es um der Ausgleich von Interessen zum Zwecke der wechselseitigen Freiheit der Staatsbürger geht. Der utilitaristische Versuch einer Ersetzung von Politik durch Lust-/Unlust-Kalküle scheint danach nicht realisierbar. Damit muß nicht gesagt werden, daß der Ansatz nicht seinen Wert für die politische Gestaltung des Strafrechts besitzt und als Handlungsanleitung aufgefaßt werden kann. Dann allerdings tritt er selbst als ein Prinzip unter anderem in die Dimension des Politischen ein und muß sich mit alternativen Vorstellungen über die Garantierung der Freiheit aller durch die Beschränkung bzw. die Dementierung der Freiheit einiger durch die Zwangsmittel des Strafrechts auseinandersetzen.

Seine prinzipiellen Schwächen gehen dann allerdings auch in eine solche reduzierte Inanspruchnahme ein. Darauf wurde bereits hingewiesen. Dies betrifft insbesondere die kritisch zu wertende Bestimmung von Lust und Unlust, die weder nach ihrer Qualität noch nach ihrer Quantität als naturwüchsig vorhandene Größen und in eine Rechnung eingehende Faktoren aufgefaßt werden können, sondern die durch die Notwendigkeit ihrer Artikulation im gesellschaftlichen Zusammenhang selbst durch Institutionen bestimmt sind, deren Rationalität nach dem utilitaristischen Grundgedanken doch erst durch einen Lust-/Unlust-Kalkül bestimmt werden sollten. Die prinzipielle Schwäche betrifft also in erster Linie die mangelnde Eignung des utilitaristischen Grundsatzes, als erstes Prinzip vor der Bestimmung staatlicher Institutionen gelten zu können, in denen sich eine Gesellschaft eine solche Verfassung gibt, in der sie sich ausdrücken, darstellen und bestimmen kann. Man könnte auch sagen, die prinzipielle Schwäche manifestiere sich darin, daß das Strafrecht nicht vor-gesellschaftlich und vor-staatlich begründet werden kann, sondern daß sich im Strafrecht eine Gesellschaft eine Struktur gibt, durch die sie sich erst als solche konstituiert, indem sie bestimmt, was und wie sie sein will.

3.4 Variationen des Utilitarismus

Die utilitaristische Grundposition in Bezug auf die Begründung des Strafrechts wurde vorangehend nur nach ihrem zentralen Gedankengang dargestellt. Dies rechtfertigt sich daraus, daß der Utilitarismus sich zwar ausdifferenziert und verschiedene Bestimmungen für das zugrundeliegende Prinzip ausformuliert hat, daß es sich aber doch stets um das gleiche Prinzip handelt.[92] Diese Differenzierungen betreffen vor allem die Bestimmung jener Lust (bei Bentham: »pleasure«), deren Quantität gemehrt werden soll.[93] Nur im Falle eines sog. hedonistischen Utilitarismus handelt es sich dabei ja um die Mehrung des sinnlichen Genusses. Etwas subtiler fordert der eudämonistische Utilitarismus die Mehrung von Glück in einem wohlverstandenen und damit vernünftig begründeten Sinne.[94] Dies kann weiter ausgearbeitet werden zu einem idealistischen Utilitarismus, bei dem der Begriff »pleasure« bestimmt wird durch höhere Werte wie etwa ästhetische Erfahrung oder Fortschritte in der Erkenntnis.[95] Allerdings kann terminologisch darauf verwiesen werden, daß dann, wenn nicht Lust bzw. sinnliches Glück im Mittelpunkt der Überlegung stehen, vorwiegend der Begriff »Konsequentialismus« statt Utilitarismus verwendet wird.[96]

Eine weitere Unterscheidung kann nach dem Personenkreis vorgenommen werden, der in seinem Glücksstatus berücksichtigt werden soll. Ein »egoistischer« Utilitarismus kann im Rahmen der Begründung staatlicher Institutionen außer Acht bleiben, da es hier nur darum geht, Handlungsregeln für den einzel-

---

92 Vgl. dazu umfassend Trapp, R.W., »Nicht-klassischer« Utilitarismus, Frankfurt/Main 1988.

93 Vgl. Gähde, Ulrich, Zum Wandel des Nutzenbegriffs im klassischen Utilitarismus, in: Gähde, Ulrich/Schrader, Wolfgang H., Hrsg., Der klassische Utilitarismus, Berlin 1992, S. 83-110; sowie Trapp, Rainer, W., Die ideengeschichtliche und theoretische Entwicklung der Wertbasis des klassischen Utilitarismus, a.a.O., S. 172-265.

94 Vgl. Sharpe, R.A., Solid Joys or Fading Pleasures, in: Schaper, Eva, ed., Pleasure, Preference and Value, Cambridge 1983, S. 86-98.

95 In einem engeren Sinn ist von Konsequentialismus allerdings nur dann zu sprechen, wenn weder Lust (Hedonismus) noch Glück (Eudämonismus) den Maßstab für die Nützlichkeit bilden, wie dies etwa in einer Form der Fall ist, die als idealistisch bezeichnet werden könnte, wonach eine Handlung dann richtig ist, wenn sie der Mehrung höherer Werte dient, wie sie etwa im theoretischen oder praktischen Wissen oder in der ästhetischen Erfahrung realisierbar sind. Vgl. W.R. Köhler, Zur Geschichte und Struktur der utilitaristischen Ethik, Frankfurt/Main 1979, S. 20 ff; sowie St.S. Nemerson, Criminal Liability without Fault. A Philosophical Perspective, in: Columbia Law Review 1975, S. 1517 ff, hier S. 1534.

96 Vgl. Köhler, Wolfgang R., Zur Geschichte und Struktur der utilitaristischen Ethik, Frankfurt/Main 1979, S. 20 ff; sowie Pollock, Lansing, The Principle of Consequences, in: Philosophical Studies 1977, S. 385-389.

nen anzugeben in der Orientierung am Nutzen des Handelnden bzw. von speziellen Gruppen von Handelnden. Im Zusammenhang der Begründungsfrage des Strafrechts kommt grundsätzlich nur ein altruistischer Utilitarismus in Frage, demzufolge der Nutzen nicht des Handelnden, sondern anderer Personen zu fördern ist. Speziell geht es hier um die Version eines sozialen bzw. universalistischen Utilitarismus,[97] bei dem das Ziel der Nutzen der Gesellschaft ist bzw. sogar aller Menschen verschiedener Gesellschaften. Erwähnt sei darüber hinaus noch die Unterscheidung positiver vs. negativer Utilitarismus;[98] während nach der ersteren Version sich die Richtigkeit einer Handlung nur nach der Qualität ihrer Konsequenzen bemißt, entscheidet sich dies nach der letzteren Position nach ihrer Eignung zur Vermeidung negativer Konsequenzen.[99]

Wichtiger ist die Unterscheidung anhand der Mittelbarkeit bzw. Unmittelbarkeit der Wirkung der zu beurteilenden Handlung. Im Sinne des Handlungsutilitarismus (act-utilitarism) sind Handlungen jeweils nach der mit ihnen selbst verbundenen Nützlichkeit zu beurteilen.[100] Der Regelutilitarismus (rule-utilitarism) dagegen stellt auf die Beurteilung solcher Handlungsregeln ab, die geeignet sind, den Nutzen der Gesellschaftsmitglieder zu mehren.[101] Für die einzelne Handlung gilt dann, daß sie zu rechtfertigen ist, wenn sie als Fall einer so gebildeten und als nützlich ausgezeichneten Regel angesehen werden kann. Das Besondere ist hier, daß eine Handlung als nicht zu legitimieren ausgezeichnet werden kann auch dann, wenn ihre Konsequenzen für sich betrachtet durchaus wertvoll sein können, wenn die Konsequenzen der Regel, unter die sie fällt, jedoch schlecht sind im utilitaristischen Sinn.[102] Der Utilitätstest soll also nicht auf die einzelne Handlung Anwendung finden, sondern nur auf Arten oder Regeln von Handlungen. Als Standardbeispiel kann hier der Fall eines nicht eingehaltenen Versprechens gelten, das im speziellen Fall durch die Nichteinhaltung zu positi-

---

97 Vgl. Kliemt, Elke/Kliemt, Hartmut, Schutz und Gefährdung durch die staatliche Kriminalstrafe, in: Analyse und Kritik, 1981, S. 171 ff.

98 Vgl. Acton, H.B., Negative Utilitarianism, in: Proceedings of the Aristotelian Society, Supplement 37, 1963, S. 83-94.

99 Eine solche Position findet sich etwa bei dem kritischen Rationalisten Karl Popper, in: Die offene Gesellschaft und ihre Feinde, Bd. I, Der Zauber Platons, Bern 1957, S. 316; darüber hinaus Walker, A.D.M., Negative Utilitarianism, in: Mind 1974, S. 424-428.

100 Vgl. Bales, R.E., Act-Utilitarianism. Account of Right-making Characteristics or Decision-making Procedure?, in: American Philosophical Quarterly 1971, S. 257-265.

101 Die Begrifflichkeit wurde von Brandt geprägt (Brandt, R.B., Ethical Theory, Englewood Cliffs 1959, Kap. 15).

102 Vgl. Hargrove, Eugene C., The Role of Rules in Ethical Decision Making, in: Inquiry 1985, S. 3-42.

ven Wirkungen für die Allgemeinheit führt, obwohl damit die Regel, daß Versprechen – oder spezieller: Verträge – zu halten sind, gebrochen wurde.[103]

Die utilitaristische Ethik wurde durch diese Differenzierungen zwar von ihrem unmittelbar sensualistischen Ausgangspunkt gelöst und auf eine höhere Entwicklungsstufe gebracht, auf der auch andere »Werte« berücksichtigt werden können bzw. auf der auch komplexere Handlungszusammenhänge utilitaristisch beurteilt werden können. Ihr Grundprinzip in dem hier interessierenden Zusammenhang wurde dadurch allerdings nicht dementiert und die vorangegangenen Kritikpunkte werden dadurch nicht ausgeräumt. Darüber hinaus zeigen diese Differenzierungsversuche vor allem durch die Ausformung des Nutzenprinzips, daß das utilitaristische Prinzip unabhängig ist von inhaltlichen Bestimmungen dieses Prinzips. Welcher Nutzen gemehrt werden soll, dies geht in das Prinzip nicht ein, und das Prinzip ist gerade nur deshalb aufrechtzuerhalten, weil und indem von diesem Gehalt abstrahiert wird. Damit kommt die Überlegung zurück zu dem Ausgangspunkt bei der Feststellung, der Utilitarismus unternehme es, eine Begründung für die Bestimmung staatlicher Institutionen zu geben, die ohne weltanschauliche, religiöse oder andere letztbegründete Festlegungen auskommen will. Gerade darin kann seine Bedeutung für die pluralistische Wirklichkeit des Staates in der Moderne gesehen werden.

Diese Abstraktion von inhaltlichen Bestimmungen des Nutzenprinzips hat jedoch auch eine Kehrseite, die durch die historischen Differenzierungsversuche des utilitaristischen Nutzenbegriffs zwar ausgenutzt wurde, nicht aber konsequent durchgeführt wurde. Grundsätzlich läßt der rein kalkulatorische Grundsatz des Utilitarismus ja offen, wie der Nutzen bestimmt werden soll. Konzeptionen wie Regelutilitarismus oder idealistischer Utilitarismus begrenzen diese Offenheit durch Überlegungen, die selbst eine Rechtfertigung nicht innerhalb dieses kalkulatorischen Prinzips finden, sondern durch übergeordnete Betrachtungen über die Struktur des Nutzens in der Erreichung des Glücks der größten Zahl. Die Offenheit des utilitaristischen Prinzips wird dann besonders deutlich, wenn eine retributionistische Nutzenstruktur eingeführt wird.[104] Wenn also statt von »höheren Werten« wie Ästhetik oder Erkenntnisfortschritt das Vergeltungsmotiv als Nutzen eingeführt wird, so fordert die utilitaristische Straftheorie nach ihrem Prinzip eine Orientierung des Strafrechts an den Vergeltungswünschen der Opfer bzw. der anderen Mitglieder der Gesellschaft, die von einem Verbrechen Kenntnis haben und solche Wünsche hegen. Der Gesamtnutzen wird in diesem Fall dadurch

103 Vgl. näher die Ausführungen bei Höffe, Otfried, Einführung in die utilitaristische Ethik, Tübingen 1992, S. 30 ff.

104 Vgl. Mackie, John. L., Morality and the Retributive Emotions, in: ders., Selected Papers, vol. II, Oxford 1985.

erhöht, daß dem Täter durch die Kriminalstrafe solche Leiden zugefügt werden, die die Lust (»pleasure«) des Opfers, seiner Angehörigen und aller anderen Beteiligten erhöhen, auch wenn diese Lust nicht der Vermeidung künftiger Verbrechen dient, sondern der Befriedigung von Rachebedürfnissen.

Damit aber wird fraglich, ob das Prinzip der Generalprävention wirklich so unmittelbar aus dem utilitaristischen Prinzip folgt, wie es dessen Anhänger in den meisten Fällen behaupten. Das Prinzip der Vergeltung könnte dann die Folge sein, wenn in seiner Verwirklichung der Nutzen der Gesellschaft insgesamt mehr erhöht werden kann als durch eine Strafe, die sich nur an der Vermeidung künftiger Straftaten orientiert. Damit zeigt sich die Verknüpfung des utilitaristischen Prinzips mit dem der Generalprävention von einer weiteren Annahme abhängig, die nicht schon mit jenem Prinzip selbst gegeben ist. Es muß angenommen werden, daß für die Beteiligten die Vermeidung künftiger Verbrechen einen höheren Nutzenwert hat als die Lust an der Bestrafung des Täters selbst. Eine solche Nutzenhierarchie kann zwar in weiten Kreisen unterstellt werden, aber sie ist das Ergebnis einer empirischen und damit veränderlichen Motivkonstellation in einer gegebenen Gesellschaft. Wäre die motivationale Struktur und damit die Bewertung von Erlebnissen in einer Gesellschaft anders, so könnte nicht das Prinzip der Generalprävention allein aus dem utilitaristischen Prinzip folgen, sondern nur das Prinzip, das Verbrechen nach dem Maß zu bestrafen, das durch die Lust der im weitesten Sinne Betroffenen an der Bestrafung vorgegeben wird.

Das Prinzip der Generalprävention zeigt sich auf der Grundlage ihrer utilitaristischen Begründung damit ein weiteres Mal von Voraussetzungen abhängig, die das Utilitätsprinzip als solches nicht garantieren kann. Als Ergebnis kann also auch nach Erwägung der Abarten und Ausdifferenzierungen des Utilitarismus festgehalten werden, daß jenes Prinzip zwar zunächst ein in praktischen Zusammenhängen der Begründung und Bestimmung des Strafrechts einsetzbares Regelwerk an die Hand gibt, daß diese Regeln aber weder auf einer autonomen Begründung aufruhen, aus der sie quasi gesellschaftsfrei und ohne weitere Festlegungen ideologischer Natur abgeleitet werden können, noch ohne weitere Berücksichtigung faktischer Handlungsmotive und Nutzenüberlegungen eingesetzt werden können. Vor allem das Prinzip der Generalprävention läßt sich aus dem utilitaristischen Prinzip zwar im Sinn einer Überlegung auf der Grundlage des gesunden Menschenverstandes rechtfertigen, aber es bleibt zu berücksichtigen, daß hier – wie immer, wenn die »Gesundheit« des Verstandes herangezogen wird – eine Fülle weiterer kontingenter und empirischer Motive berücksichtigt werden muß, um die Generalprävention tatsächlich utilitaristisch rechtfertigen zu können.

4. Präventionismus und Retributivismus

4.1 »Gerechtigkeit« vs. Funktionalität

Auf einer sehr allgemeinen Ebene kann der Unterschied zwischen einer präventionsorientierten und einer retributiven Strafbegründung darin gesehen werden, daß dem Täter nach der letzteren eine »verdiente« Strafe geschehen soll, während nach der ersteren dem Täter die Strafe zukommt und zugemessen werden soll, weil dies funktional für die Maximierung des Glücks der größten Zahl ist, anders gesagt: weil damit ein Nutzen für die Gesellschaft verbunden ist: „A justified system of punishment, according to the utilitarian standard, is one which brings about the greatest net benefit to all.“[105]. Der »innere« Gehalt der Tat kommt dabei nicht in Betracht. Gerade dieser »innere« Gehalt ist jedoch der Bestimmungs- und Rechtfertigungsgrund der Strafe im Sinne der Vergeltungstheorien: „Characteristically, the retributivist stresses guilt and desert, looking back to the crime to justify punishment and denying that the consequences of punishment, beneficial or otherwise, have any relevance to justification“.[106] Diese müssen also erklären können, wie und inwiefern eine Tat einen solchen »inneren« Gehalt aufweisen kann, daß sie »aus sich selbst heraus« die Bestrafung des Täters fordert.[107]

An dieser Stelle ist der Unterschied zwischen einem talionsorientierten, »exakten« Retributivismus und einem solchen, dem es nur prinziell auf den inneren Wert der Tat zur Legitimation der staatlichen Kriminalstrafe ankommt, zwar zu erwähnen, er soll im folgenden aber zugunsten der prinzipielleren Überlegung über den Zusammenhang zwischen Strafbegründung und staatlicher Aufgabenbestimmung vernachlässigt werden. Der erstere Retributivismus behauptet, die Bestrafung des Schuldigen müsse sich exakt und inhaltlich an dem begangenen Verbrechen orientieren. Davon unterschieden werden muß die Auffassung, die Strafe solle in einem angemessenen bzw. gerechten Verhältnis zur Schwere der Tat oder

105 David Hoekma, Rights and Wrongs, Susquehanna 1986, p. 127

106 Stanley I. Benn, Punishment, in: Encyclopedia of Philosophy, vol. 7, New York 1967, p. 30

107 Der Ausdruck »Intrinsic Retributivism« wird etwa von Ted Honderich verwendet (Punishment, the New Retributivism, and Political Philosophy, in: A. Phillips Griffiths, ed., Philosophy and Practice, Cambridge University Press 1984, pp. 117-145, p. 121 ff).

der Schuld des Täters stehen: „in order to render punishment compatible with justice, it is not enough that we restrict punishment to the deserving, but we must, in addition, restrict the degree of punishment to the degree that is deserved.“[108]

Darüber hinaus ist der Retributivismus auch nicht notwendig mit dem Gedanken der Rache zu identifizieren, wie auch behauptet wurde: „retribution is mere vengeance, a giving back in kind to the wrongdoer what he has inflictec on others without justification, indulged in for pleasure, for the expression of such emotions as anger and outrage, or for the relief of hostilities engendered by the offence.“[109] Bei R. Nozick findet sich hier eine Unterscheidung zwischen Rache und Retributivismus unter fünf Gesichtspunkten.[110] Zunächst begrenzt das Konzept der Retribution das Ausmaß der Strafe; es ist des weiteren unpersönlich, insofern es keine speziellen Beziehungen zu dem Opfer des Verbrechens fordert, was gerade für das Konzept der Rache charakteristisch ist, das darüber hinaus in einem weiteren Unterschied zur Retribution eine emotionale Qualität impliziert. Die Retribution ist deshalb verallgemeinerbar, was für die Rache nicht gilt. Schließlich, und dieser Unterschied erscheint hier besonders gewichtig, Retribution wird für eine moralisch zu verurteilende Tat ausgeübt, während Rache nur ihre Entsprechung in den nicht von vornherein als moralisch zu qualifizierenden Emotionen des Rächers besitzt.[111]

Der Zusammenhang zwischen Strafe und Tat soll retributivistisch also grundsätzlich durch das Prinzip der »Gerechtigkeit« festgelegt werden. Darin kann der Gegensatz zum Prinzip der Funktionalität gesehen werden, das die Präventionsbegründung des Strafrechts kennzeichnet. Daraus wird schon der differierende Gesichtspunkt deutlich, aus dem sich Vergeltungs- vs. Präventionsstrafrecht aus dem Verhältnis Ethik vs. Gesellschafts- bzw. Staatstheorie darstellen. Im Grunde erhebt die Vergeltungstheorie einen ganz anderen Anspruch als eine Begründung

---

108 Richard Burgh, Do the Guilty Deserve Punishment?, in: The Journal of Philosophy 79/1982, 193-210, p. 197

109 R.E. Gahringer, Punishment and Responsibility, in: The Journal of Philosophy, 66/1969, p. 291

110 Robert Nozick, Philosophical Explanations, Harvard University Press 1981, p. 366 ff

111 Corlett weist allerdings darauf hin, daß der Gedanke der Rache in eine retributivistische Straftheorie zu integrieren sei, „as long as such emotions are not permitted to enter into decisions of whether or not or how a defendant is to be punished.“ Hier fragt sich, inwiefern dann eine solche Integration möglich sei. Corlett reduziert diesen Gedanken dann auch auf die Überlegung, daß der Ausdruck von Rache aufgefaßt werden könne als „the state's authoritative condemnation of the offender“ und weist diese Integration der „expressive function of punishment as vindictive resentment“ zu. (J. Angelo Corlett, Making Sense of Retributivism, in: Philosophy 76/2001, p. 77-110, p. 105)

des Strafrechts durch den Präventionsgedanken. Letzterer bezieht sich auf die Gesellschaft und läßt idealtypisch den »inneren« Gehalt der Tat ebenso außer Acht wie den Gerechtigkeitszusammenhang zwischen der Tat und der Strafe. Man könnte auch sagen: er verzichtet letztlich auf eine ethische Beurteilung der Tat und stellt sie nur in einem Nutzen-Zusammenhang zu den Anforderungen der Gesellschaft, in der sie geschieht.[112] Indem Tat und Strafe nur durch das Präventionsprinzip zusammenhängen, bleibt der »innere« Gehalt der Tat sozusagen eine Leerstelle innerhalb der Präventionstheorie.

Ein ethisches Element enthält die Präventionstheorie demnach auf einer ganz anderen Ebene als die Retributionstheorie. Die letztere kann sich unmittelbar auf die Tat, deren »inneren« Unrechtsgehalt und dessen Zusammenhang mit einer durch Gerechtigkeitskriterien bestimmten Strafe richten. Die erstere dagegen gewinnt ihren ethischen Gehalt dagegen erst auf der staatsphilosophischen Ebene der Begründung der Zufügung von Leiden an den Täter zu Schutzzwecken der Gesellschaft. Eine ethische Begründung ist hier also erfordert, weil es um die strafrechtliche Zufügung von Leiden durch den Staat geht, die nicht von vornherein legitimiert erscheint. Aber dies ist eine staatsethische Legitimation, nicht eine tatethische Begründung. Im Präventionismus muß also begründet werden, daß der Staat eine solche Organisation darstellt, die ethisch legitimiert ist, zum Schutz der Gesellschaftsmitglieder einzelnen der Staatsbürger Leiden zuzufügen.

Der Retributivismus dagegen benötigt eine solche staatsphilosophische Begründung im Grunde nicht. Hier genügt eine im engeren Sinne ethische Begründung, die bestimmte Strafen als solche auszeichnet, die durch ihren inneren Unwert Strafe verdienen.[113] Der Staat erscheint dann im Grund nur als ein Exekutionsinstrument zur Ausführung von Strafen, die aus Gründen, die zunächst nichts mit der Begründung des Staates als solcher zu tun haben, für bestimmte Taten aufgrund von deren innerem Unwert ausgeführt werden müssen. Die ethische Frage stellt sich jedoch dann offensichtlich, warum gerade der Staat die Aufgabe haben sollte, solchen Taten die ihnen aus inneren Gründen zukommende Strafe zuzumessen und zu exekutieren. Zunächst erscheint dies ja nicht einleuchtend. Der Staat als eine Organisation zur Normsetzung für das freiheitliche Zusammenleben der Gesellschaftsmitglieder kann ja nicht von vornherein als quasi göttliche

112 Vgl. U. Neumann, Folgenorientierte versus schuldorientierte Strafzumessung, in: H. Jung, Hrsg., Rechtsbegründung – Rechtsbegründungen, FS für G. Ellscheid, Baden-Baden 1999, S. 118-125.

113 Dabei kommt es im Grunde nicht darauf an, ob von »verdienten«, »gerechtfertigten«, »gerechten« oder »angemessenen« Strafen die Rede ist. Auf die Zirkularität in diesen Begriffen weist J.-C. Wolf hin (Utilitarismus, Pragmatismus und kollektive Verantwortung, Freiburg 1993, S. 185 ff).

Instanz angesehen werden, die solche Taten zu bestrafen hat, die eine Bestrafung aufgrund ihres inneren Unwertes verdienen.

4.2 Der Retributivismus und der Staat

Damit sind aber zwei sehr verschiedene argumentative Ausgangspunkte für die beiden Straftheorien angelegt. Es handelt es sich bei der Retributionstheorie also um eine Theorie mit grundsätzlich anderem Begründungsziel. Zwar geht es in beiden Fällen um die Rechtfertigung von Strafe, aber die Verhältnisse sind bis zu einem gewissen Grad umgekehrt. Bei der retributivistischen Straftheorie geht es um eine Theorie, die Strafe als ethische Notwendigkeit ansieht und den Staat und die Institution der Kriminalstrafe für die Ausführung solcher Strafen in die Pflicht nehmen will. Der Staat erscheint also unter diesem Blickwinkel als eine Einrichtung, die existieren muß, weil es Taten gibt, die aus sich selbst heraus Strafen verlangen, und zwar solche, die nicht auf die göttliche Gerechtigkeit warten können, sondern die im Hier und Heute in der empirischen Welt vollzogen werden müssen. Bei der präventionistischen Straftheorie dagegen geht es um eine Theorie, die nicht von der ethischen Notwendigkeit von Strafen ausgeht, sondern vom Staat als einer Organisationsform der Gesellschaft, durch die diese sich und ihre Mitglieder vor nachteiligen Folgen der Taten einzelner zu schützen sucht. Die staatliche Kriminalstrafe erscheint dann unter diesem Blickwinkel als eine Einrichtung, die existieren muß, weil es Taten gibt, durch die der Staatszweck des Schutzes der Gesellschaftsmitglieder gefährdet wird.

Um eine Ethik des Strafens handelt es sich also im Falle der Retributionstheorie im Sinne eines Genitivus subjectivus, d.h. es geht um eine Ethik, die von der Notwendigkeit des Strafens ausgeht und sich von diesem Zentralbegriff her begründet. Im Falle der Präventionstheorie dagegen handelt es sich um eine Ethik des Strafens im Sinne eines Genitivus objectivus, d.h. es geht um eine Ethik, deren Frage an zentraler Stelle lautet, ob und wenn ja, inwieweit staatliches Strafen überhaupt gerechtfertigt und erforderlich ist, und darüber hinaus, was sich aus dieser Rechtfertigung für die strafrechtliche Strafzumessung ergibt. Die erstere Ethik stellt also eine Untersuchung von Handlungen und ihrem Eigenwert bzw. -unwert in den Mittelpunkt, die letztere Ethik dagegen stellt eine Untersuchung von Staatsfunktionen und deren Legitimation und darüber hinaus deren Konsequenzen in den Mittelpunkt.

In diesem Sinne stellt sich die Präventionstheorie als eine Lehre dar, die wesentlich weniger über den Begriff der Strafe zu wissen beanspruchen muß als dies im Falle der Retributionstheorie der Fall ist. Es handelt sich jedoch um eine Lehre, die wesentlich mehr über Zweck-Mittel-Zusammenhänge im Verhältnis zwischen Staat und Staatsbürgern im Hinblick auf Gratifikationen und Sanktionen in die Theorie einbeziehen muß. Damit ist ein weiterer wichtiger Unterschied auf der metatheoretischen Ebene angesprochen. Argumentationsstrategisch ist die Retributionstheorie weitgehend oder sogar ausschließlich auf ein Wissen im apriorischen Bereich angewiesen, das über das Wesen und die substantiellen Bestimmungen des Begriffs der Strafe Aussagen bereitstellen kann. Es muß ebenfalls wesentlich mehr gewußt werden über das Wesen von Taten und deren intrinsischer Verwerflichkeit, speziell über den Grad des Bösen, das sich in ihnen manifestiert und entsprechende Strafen verlangt. Die Präventionstheorie hingegen ist in ganz anderem Ausmaß auf ein empirisches Wissen über Zweck-Mittel-Zusammenhänge angewiesen, das nicht begrifflich und apriorisch erhältlich ist, sondern durch erfahrungswissenschaftliche Theorien gewonnen werden muß, die in der Wirklichkeit anzutreffende Zusammenhänge so aufklären, daß daraus Handlungsanleitungen für die Gestaltung von Kriminalstrafen gewonnen werden können.

Diese metatheoretischen Unterschiede können schließlich noch durch die unterschiedliche Stellung des Bösen in beiden Theorien pointiert werden. Der Begriff des Bösen und des durch solche Taten, denen diese Eigenschaft zugeschrieben werden kann, geschuldeten Strafens ist offensichtlich nur der Retributionstheorie zugehörig. Die Präventionstheorie dagegen kann zunächst im Grunde ohne diesen Begriff auskommen. Die Taten, für die eine Bestrafung gefordert wird, sind nicht durch ihre innere Bösartigkeit gekennzeichnet, sondern durch ihre Unerwünschtheit durch alle oder die Mehrzahl der Gesellschaftsmitglieder, die sich durch solche Taten in ihrer Freiheit beeinträchtigt fühlen. Insofern kann die Präventionstheorie aber auch auf ein Urteil über die ethische Verwerflichkeit der zu bestrafenden Taten verzichten. Jedenfalls muß sie aber nicht auf ein Wissen um das, was das Gute und was das Böse ist, rekurrieren, wenn sie die staatliche Kriminalstrafe begründen will.

Deshalb kann die Präventionstheorie aber auch mit wesentlich weniger Investitionen in metaphysisches Denken auskommen als dies bei der Retributionstheorie der Fall ist. Sie braucht sich nicht mit Fragen nach dem Wesen des Bösen und den Zusammenhängen zwischen dem Bösen und der staatlichen Reaktion darauf zu beschäftigen; sie braucht sich im Grunde überhaupt nicht mit dem Verhältnis zwischen dem Staat und dem Bösen abzugeben. Es genügt, wenn sie die Wünsche der Staatsbürger bezüglich der ihnen staatlich zu garantierenden Freiheit zur Kenntnis nimmt und sie durch geeignete Maßnahmen, die sie durch entsprechende Kenntnisse ausarbeiten, zu realisieren versucht. Daraus ergibt sich allerdings bei konsequenter Betrachtung auch eine Folge, die Präventionstheoretiker wahrscheinlich nicht unbedingt begrüßen würden. Die Präventionstheorie kann sich unter Umständen darauf zurückziehen, ein Kalkül auszuarbeiten, in das

Taten, Freiheitswünsche der Staatsbürger und empirische Zusammenhänge zwischen der Neigung, Taten zu unterlassen, und bestimmten Sanktionsmöglichkeiten als prinzipiell quantifizierbare Größen eingehen können.

4.3 Rationalität und Freiheit im Retributivismus

Auf einem sehr hohen Allgemeinheitsniveau könnte man demnach den Unterschied auch auf der Ebene von technischer Rationalität vs. metaphysischer Rationalität zu formulieren versuchen. Die erstere hat es mit Zweck-Mittel-Zusammenhängen zu tun, die prinzipiell mit quasi-ökonomischen Kenntnissen festzustellen sind, also solchen Wissensbeständen, die Austauschverhältnisse zwischen knappen Gütern betreffen. Es handelt sich hier bei Taten und bei Strafen für Taten um ökonomische und damit um relative Güter, also solche, die in Austauschbeziehungen zu anderen Gütern stehend angesehen werden, so daß ein Mehr an einem Gut aufgewogen werden kann durch ein Weniger an einem anderen Gut bzw. umgekehrt. Die hinter der Präventionstheorie stehende Idee ist, daß der Täter auf das Gut, das die mit staatlicher Strafe bedrohte Tat bzw. deren Resultat für ihn darstellt, zu verzichten bereit ist, wenn er als Ersatz mehr von einem anderen Gut erhält, was im Falle von Sanktionen auch ausdrückbar ist durch ein geringeres Quantum an negativ bewerteten Gütern, also etwa an staatlichen Kriminalstrafen.[114]

Ganz anders stellt sich die Lage im Falle der Retributionstheorie dar. In derem Gedankenzusammenhang stellt weder die Tat noch die Strafe ein ökonomisches Gut dar, also ein solches, das in Austauschbeziehungen zu anderen Gütern steht. Eine solche Betrachtung mag zwar der potentielle Täter vornehmen, aber sie steht nicht im Mittelpunkt der Straftheorie. Das Verhältnis ist vielmehr ein »absolutes« und nicht relatives oder ökonomisches. Es gibt keine Rationalität in diesem Zusammenhang, die ein Mehr oder Weniger an Taten gegen ein Mehr oder Weniger an Strafen wägen könnte oder sollte. Die Tat ist als solche ein nicht in Austauschbeziehungen stehendes Ereignis, das als solches auf eine Strafe zu treffen hat, die selbst nicht durch ökonomische und damit relative Erwägungen festgestellt werden darf, sondern durch eine vollständige Entsprechung nach ihrem Wesen zum Wesen der Tat. Die Tat ist demnach im Denkzusammenhang des

114 Dies setzt also eine Auffassung von Handlungsrationalität voraus, die J. Nida-Rümelin als die „konsequentialistische Standardauffassung von Handlungsrationalität“ bezeichnet (Nida-Rümelin, J., Kritik des Konsequentialismus, München 1995, S. 11). Auf dieser Grundlage ist ‚rational‘ diejenige Handlung, die den Zustand der handelnden Person optimiert (a.a.O., S. 19).

Retributivismus ebenso ein absolutes Ereignis wie die Strafe, die ihr nach ihrem inneren Wesen zu folgen hat.[115]

Schließlich ist noch ein wichtiger allgemeiner Unterschied zwischen den beiden Strafbegründungstheorien festzustellen, der sich auf das unterschiedliche Verhältnis zu der Konzeption staatlicher Freiheit bezieht. Man könnte pointiert sagen, in einer paradigmatisch aufgefaßten Retributionstheorie muß der Begriff der Freiheit im Grunde überhaupt keine Rolle spielen, obwohl dies natürlich der Fall sein kann. Primär aber geht es um die ethisch geforderte Folge einer als wesentlich begriffenen Bösartigkeit einer Tat, die der Staat durch die Kriminalstrafe mit dieser Tat verbinden muß. In diesem Zusammenhang muß der Staat nicht unter dem Aspekt der durch zu ihn zu sichernden Freiheit aufgefaßt werden. Auch die persönliche Freiheit des Einzelnen kann im Rahmen einer retributionistischen Straftheorie unbeachtet bleiben. Dies ist nur dann anders, wenn die Verletzung der persönlichen Freiheit als eine Wesenseigenschaft einer solchen Tat aufgefaßt wird, die als intrinsisch böse und deshalb durch die staatliche Kriminalstrafe zu ahnden angesehen wird.

Der Staat hat nach dieser Konzeption jedoch nicht auf die Freiheitsverletzung zu reagieren und wird damit nicht in ein unmittelbares Verhältnis zu der Verpflichtung gesetzt, die Freiheit der Staatsbürger zu sichern. Vielmehr wird dem Staat die Verpflichtung zugeschrieben, eine Tat zu bestrafen, die ihrem Wesen nach böse ist, weil solche Taten aus grundsätzlich metaphysischen Gründen als böse angesehen werden, die die Freiheit anderer verletzen. Soll dagegen die Garantie der Freiheit selbst das Ziel der Strafe sein, so wird die Strafe wiederum in einen Zweck-Mittel-Zusammenhang gestellt, innerhalb dessen sie durch ein prinzipiell technisches Kalkül und durch technische Rationalität mit dem Ziel der Vermeidung eines Übels zu errechnen ist, womit wieder das Prinzip der Präventionstheorie erreicht ist.

Eine Retributionstheorie kann also grundsätzlich die Kriminalstrafe begründen, ohne Rekurs auf die durch staatliche Mittel zu garantierende Freiheit der Staatsbürger nehmen zu müssen. Dies kann ihr gelingen auch dann, wenn sie den Staat in erster Linie von seiner Aufgabe der Sicherung der Freiheit der Staatsbürger her definiert. Dann kann sie allerdings nicht nur auf eine Strafbegründung von der inneren Bösartigkeit der Tat her rekurrieren. Dies ist jedenfalls dann die Lage, wenn sie des weiteren annehmen will, die staatliche Kriminalstrafe sei ein geeignetes Mittel, um die Freiheit der Staatsbürger zu befördern. In dem Augen-

---

115 Wolf stellt in diesem Zusammenhang die berechtigte Frage: „Selbst wenn es diesen absoluten Gesichtspunkt der verdienten Strafen gäbe, warum sollte dann ausgerechnet der Gesetzgeber in der privilegierten Situation sein, diesen zu erkennen?“ (J.-C. Wolf, Utilitarismus, Pragmatismus und kollektive Verantwortung, Freiburg 1993, S. 184)

blick, als sie diesen Zweck-Mittel-Zusammenhang einräumt und seine Umsetzung in der Strafrechtspraxis in die Zwecke der staatlichen Gesetzgebung einstellt, hat sie allerdings den Strafzweck der Retribution aufgegeben und ist auf das Gebiet der Präventionstheorie gewechselt.

Eine solche Unterscheidung kann in der Praxis sehr schwierig sein, wenn im nachhinein festgestellt werden soll, ob eine bestimmte staatliche Strafandrohung aus retributionstheoretischen oder aus präventionstheoretischen Gründen besteht. Wenn es jedoch nicht um eine motivationale Betrachtung geht, sondern um eine analytische Scheidung, so ist die Trennung sehr leicht vorzunehmen. Die Strafandrohung ist dann ihrem Wesen nach retributionistisch, wenn sie ihren Zweck nicht von außerhalb der Tat und deren intrinsischer Verwerflichkeit nimmt, sondern nur die Tat selbst als solche bestraft sehen will: „There is no complete agreement about what sorts of theories are retributive except that all such theories try to establish an essential link between punishment and moral wrongdoing.“[116] Ist sie dagegen einer Zweck-Mittel-Überlegung entnommen, so gehört sie in den Bereich der Prävention.

4.4 Konzepte der Retribution

Honderich warf der Retributionstheorie bereits 1984 vor, bei ihrem zentralen Konzept handele es sich um „an unanalysed or ill-analysed claim that punishment is partly or wholly justified because or when it is deserved, a just desert, retributive, equivalent, proportional, commensurate, reciprocal, corresponding, fitting, merited, owed, according to the offence, accourding to our right or the offender′s right.“ Diese sog. „desert-locutions“ können nicht sinnvoll als synonym bezeichnet werden, da sie keinen gemeinsamen Begriff zum Ausdruck bringen: „They can be, and often are, used interchangeably, with whatever reason or lack of it. It is in fact an understatement to say that locutions of the given kind have not single sense. They are hardly less than paradigms of multiple ambiguity and vagueness.“[117] Dennoch kann ein Versuch zur Differenzierung zwischen den verschiedenen Konzeptionen zur Klärung des Prinzips beitragen.[118]

---

116 C.L. Ten, Crime, Guilt, and Punishment, Oxford 1987, p. 7

117 Ted Honderich, Punishment, the New Retributivism, and Political Philosophy, in: A. Phillips Griffiths, ed., Philosophy and Practice, Cambridge University Press 1984, pp. 117-147, p. 119

118 Die folgenden Ausführungen beziehen sich auf John Cottingham, Varieties of Retribution, in: The Philosophical Quarterly 29/1979, pp. 238-246; vgl. dazu die neueren Ausführungen von Nigel Walker, Even More Varieties of Retribution, in: Philosophy 74/1999, pp. 595-605.

Die »Repayment Theory« stellt auf den sehr allgemeinen Grundsatz ab, daß der Täter für seine Tat zu »bezahlen« hat, indem er seine Schuld mit Bezug auf die durch seine Tat Geschädigten »zurückzuzahlen« hat. Eine etwas nähere Bestimmung wird mit der »Desert Theory« gegeben, der zufolge die staatliche Kriminalstrafe gerechtfertigt ist, wenn und weil der Täter sie »verdient«. Unter »Penalty Theory« wird der Gedanke verstanden, daß die verdiente Strafe auf die Verletzung einer gesetzlichen Vorschrift zurückgehen muß. Als »Minimalism« könnte man den Grundsatz verstehen, daß niemand bestraft werden sollte, der nicht schuldig ist. Offenbar wird mit dem Grundsatz, daß Schuld eine notwendige Bedingung für eine Bestrafung darstelle, das Konzept so weit überdehnt, daß der Rahmen einer Strafrechtsbegründung verlassen wird. Näher am Retributivismus scheint dagegen die »Satisfaction Theory« zu sein, die immerhin eine Relation zwischen der Tat und der Befriedigung durch deren Bestrafung auf seiten des Opfers herstellt. Ob es sich dabei jedoch tatsächlich um eine retributivistische und nicht um eine utilaristische Theorie handelt, hängt davon ab, ob die Satisfaktion um der Befriedigung von Rachewünschen geschehen soll (Utilitarismus), oder ob die Satisfaktion stattfinden muß, weil aus intrinsischen Gründen jedes Verbrechen verlangt, dem Opfer Satisfaktion zu geben (Retributivismus).

Ähnliche Zweifel bezüglich der Zuordnung sind bei der »Fair Play Theory« angebracht. Deren Grundbehauptung ist, daß der Staat berechtigt ist, den Übertreter von Gesetzen zu bestrafen, weil dieser sich unfairerweise einen Vorteil gegenüber den gesetzestreuen Bürgern verschafft hat. Cottingham weist hier darauf hin, daß der Zusammenhang mit der Retributionstheorie hier nur indirekt ist, nämlich über den Begriff der »Rückzahlung«, der wiederum mit »Retribution« identifiziert werden muß, um die »Fair Play Theory« als retributivistisch bezeichnen zu können. Abgesehen von dieser formalen Überlegung könnte jedoch für eine utilitaristische Einordnung dieser Theorie plädiert werden. Was verletzt wird, ist ja das Gerechtigkeitsgefühl der gesetzestreuen Bürger, und diese Verletzung wird durch die Kriminalstrafe gegen denjenigen, der sich durch die Übertretung einen Vorteil verschafft hat, ausgeglichen, so daß durch diese Befriedigung dem Glück der größten Zahl gedient wird. Wenn von einer solchen utilitaristischen Zwecksetzung abgesehen werden soll, so muß wiederum auf den inneren Wert der Handlung abgestellt werden, durch den die Moralität im Sinne des fair-play-Prinzips verletzt wurde.

Ganz anders und in einem stärker metaphysischen Sinn optiert die »Placation Theory« für Retribution im Sinne der Sühne für ein Verbrechen, das prinzipiell moralisch angesehen wird und dessen moralischen Unwert der Staat durch die Kriminalstrafe zu bestrafen hat. Cottingham weist hier auf die motivationale Herkunft dieses Gedankens von der alttestamentarischen Lehre der Besänftigung eines erzürnten Gottes durch die weltliche Bestrafung des Frevlers wider das göttliche Gesetz hin. Bei der »Annulment Theory« dagegen tritt an die Stelle des zürnenden Gottes das »Recht«, das wiederhergestellt werden muß, indem das Verbrechen als »ungültig« demonstriert wird. Mit Bezug auf Hegel kann diese Theorie so zusammengefaßt werden: „Crime, then, is a contradictory, directly self-destructive act, in that it is the will of a free person which negates the existence of free personality, free will, and right."[119] Cottingham plädiert hier für die Ansicht, daß ein Zusammenhang zwischen dieser Theorie und dem Prinzip der Retribution nur mit Mühe konstruiert werden kann. Offensichtlich soll hier ja nicht die Tat selbst »zurückgezahlt« werden, sondern etwas, was sie bewirkt hat, nämlich die Verletzung des Prinzips des Rechts, womit sich der Täter selbst als Teil der Rechtsordnung »negiert« hat, welche »Negation« wieder aufgehoben werden muß, so daß also letztlich durch die Strafe die Tat dem Täter selbst »zurückgezahlt« wird, indem ihm zwangsweise dazu verholfen wird, seinen »Irrtum« zurückzunehmen und ihn wieder in die Rechtsordnung zu integrieren.

Viel weniger metaphysische Voraussetzungen macht dagegen die »Denunciation Theory«, deren Grundsatz lautet: „The ultimate justification of any punishment is not that is a deterrent but that it is the emphatic denunciation by the community of a crime."[120] Auch hier ist der Zusammenhang mit einer retributivistischen Strafbegründung vage. Eine Retribution kann auch ohne die expressive Funktion der staatlichen Strafandrohung auskommen, wie umgekehrt die Expression dessen, was eine staatliche Gemeinschaft für verbrecherisch hält, auch ohne retributivistischen Gehalt durchgeführt werden kann. Eine solche Theorie könnte ebenso der utilaristischen Seite zugeschlagen werden, indem die Strafandrohung gerade durch ihren expressionistischen Wert dazu beiträgt, die Rechtsordnung zu stabilisieren, indem Verletzungen dieser Ordnungen präventionistisch verhindert werden, weil dem Staatsbürger bewußt gemacht ist, was die staatliche verfaßte Gemeinschaft als verdammenswert ansieht und was nicht, was – unabhängig von der angedrohten Strafe – selbst schon ein Abschreckungsmoment darstellt, wenn der Wunsch der meisten Menschen berücksichtigt wird, in Konformität mit den Anforderungen ihrer Gesellschaft zu leben oder wenigstens nicht offen dagegen zu verstoßen.

Dennoch ist die expressivistische Theorie doch interessant aufgrund ihrer Einsicht, daß die staatliche Kriminalstrafe auch eine besondere Form von Kommunikation darstellt. In ihrer symbolischen Signifikanz bringt sie eine moralische

---

119 Peter G. Stillman, Hegel's Idea of Punishment, in: Journal of the History of Philosophy 14/1976, pp. 169-182, p. 171

120 Report of the Royal Commission on Capital Punishment, London 1953, Section 53, zit. bei Cottingham, a.a.O., p. 245

Verdammung zum Ausdruck.[121] Aber eine solche expressive Verdammung der Tat durch die staatliche Gemeinschaft kann ebenso im Hinblick auf die Folgen legitimiert werden wie im Hinblick auf eine »verdiente« Antwort auf die Tat unabhängig von Nützlichkeitserwägungen. Letztlich wird hier davon ausgegangen, daß bereits der Täter mit seiner kriminellen Handlung einen expressiven Akt vornimmt, in dem er zum Ausdruck bringt, daß der wahre Wert seines Opfers unter demjenigen liegt, der durch die staatliche Gemeinschaft mit Hilfe des Rechts festgelegt wurde. Er schreibt sich damit das Recht zu, diese Festlegung zu korrigieren.[122] Die staatliche Kriminalstrafe ist dann dadurch gerechtfertigt, daß sie diese Botschaft des Täters zurückweist und dadurch die Wertzuschreibung der staatlichen Gemeinschaft untermauert. Darin aber muß durchaus kein retributivistisches Element gesehen werden. Die expressive Funktion des Rechts ist ebenfalls funktional durch utilitaristische Überlegungen zu rechtfertigen, wenn das Recht als Verteidigung des Nutzens der größten Zahl seine permanente Verteidigung durch die Bestätigung der zugrundeliegenden Wertzuweisungen verlangt.

Oben wurde bereits Kant herangezogen, um eine philosophische Grundlage für die grundlegenden Erörterungen über Zurechnung zu schaffen. Zurechnung erschien als das verbindende Glied zwischen Verbrechen und Strafe, das beide Begriffe durch diese Verbindung erst definiert, weil es eine Beziehung einer Tat auf einen verantwortlichen Täter herstellt und den Verbrechen-Strafe-Zusammenhang damit erst in das System des Rechts einstellt, indem dieser Zusammenhang von einem Kausalzusammenhang unterschieden wird. Nun hat gerade Kant auf das Prinzip der Retribution größten Wert gelegt und gilt deshalb als einer der wichtigsten philosophischen Vertreter eines reinen Vergeltungsstrafrechts. Zwar kannte er nicht nur diesen Strafzweck, sondern ließ auch das Prinzip der Prävention gelten, aber die Retribution steht doch eindeutig im Mittelpunkt seiner Straftheorie. Im folgenden soll deshalb zur Erörterung des Retributivismus auf Kants Straftheorie eingegangen werden. Dabei ist jedoch insbesondere darauf zu achten, warum Kant gegen ein präventionsorientiertes Strafrecht Stellung nahm. Aus dieser Position läßt sich der wahrscheinlich gewichtigste Einwand gegen ein reines Präventionsstrafrecht gewinnen.

---

121 John Kleinig, Punishment and Moral Seriousness, in: Israel Law Journal 25/1991, pp. 401-421, p. 403

122 Jean Hampton, Correcting Harms vs. Righting Wrongs. The Goal of Retribution, in: UCLA Law Review 1992, pp. 1659-1702, p. 1666ff.

5. Kants Theorie des Strafrechts

5.1 Strafzweck und Prinzip der Strafzumessung

In der Rechtslehre der »Metaphysik der Sitten« kennt Kant nur den Strafzweck,[123] der aus der Tat selbst entnommen wird: die Strafe „kann niemals bloß als Mittel ein anderes Gute zu befördern für den Verbrecher selbst, oder für die bürgerliche Gesellschaft, sondern muß jederzeit nur darum wider ihn verhängt werden, weil er verbrochen hat."[124] Strafzwecke wie Spezial- und Generalprävention aber auch die Eingliederung des Delinquenten in die Gesellschaft kommen für ihn nicht infrage, und die Begründung lautet hier: „... denn der Mensch kann nie bloß als Mittel zu den Absichten eines Anderen gehandhabt und unter die Gegenstände des Sachenrechts gemengt werden, wowider ihn seine angeborne Persönlichkeit schützt, ob er gleich die bürgerliche einzubüßen gar wohl verurtheilt werden kann."[125] Ganz ausgeschlossen werden utilitaristische Strafzwecke allerdings nicht, aber Kant besteht doch darauf, daß der Verbrecher „vorher strafbar befunden sein, ehe noch daran gedacht wird, aus dieser Strafe einigen Nutzen für ihn selbst oder seine Mitbürger zu ziehen."[126] An erster Stelle also muß das stehen, was Kant hier als „Gerechtigkeit" bezeichnet, und von dem er sagt: „wenn die Gerechtigkeit untergeht, so hat es keinen Werth mehr, daß Menschen auf Erden leben."[127]

Aus dieser Vorstellung von Gerechtigkeit entnimmt Kant nicht nur das Prinzip der Vergeltung als Strafgrund, sondern auch das Prinzip der Strafzumessung, nämlich das Wiedervergeltungsrecht in der Form des Talionsrechts. Dem Verbrecher soll also grundsätzlich das gleiche angetan werden, was er getan hat. Nur das Wiedervergeltungsrecht „kann die Qualität und Quantität der Strafe bestimmt angeben; alle andere sind hin und her schwankend und können anderer sich ein-

---

123 O. Höffe weist darauf hin, daß Kant seine Straftheorie zwar auf nur wenigen Seiten entwickelt, darin aber doch auf die bis heute wesentlichen Probleme antwortet und den Grundriß einer Strafrechtstheorie vorlegt (Kants Begründung des Rechtszwangs und der Kriminalgesetze, in: Reinhard Brandt, Hrsg., Rechtsphilosophie der Aufklärung, Berlin/New York 1982, 335-375, S. 358).

124 Metaphysik der Sitten, Akademieausgabe Bd. VI, S. 331

125 Ebd.

126 Ebd.

127 Ebd. S. 332

mischenden Rücksichten wegen keine Angemessenheit mit dem Spruch der reinen und strengen Gerechtigkeit enthalten."[128] Es sind hier also zwei Gedanken zu unterscheiden. Zunächst wird der Zweck der Strafe bestimmt, der nur in der Vergeltung liegen kann, weil alle Strafzwecke utilitaristischer Art ausgeschlossen werden müssen. Dann wird die Vergeltung als ein Prinzip der Strafzumessung angegeben. Beides ist nicht identisch. Der Strafzweck wird im Grunde im Ausschlußverfahren bestimmt, d.h. er darf nicht utilitaristisch sein, weil der Verbrecher darin nicht als Selbstzweck behandelt würde. Für die Strafzumessung wird dagegen gefordert, Gleiches mit Gleichem zu vergelten, weil nur nach diesem Prinzip ein Kriterium gefunden ist, das der „Gerechtigkeit" selbst entspricht, so daß die Strafe aus der Tat selbst entnommen wird.[129]

Beides ist zwar zu unterscheiden, hängt aber doch eng zusammen. Dieser Zusammenhang besteht darin, daß die Strafe prinzipiell auf der „inneren Bösartigkeit der Verbrecher"[130] beruhen soll, weshalb die Strafzumessung dann auch die »innere« Bösartigkeit des Verbrechens als Maßstab nehmen soll. Insofern ist das Prinzip der Strafzumessung auch eine Folge der negativen Bestimmung des Strafprinzips bezüglich des Zweckes: weil keine utilitaristischen Strafzwecke zulässig sind, deshalb muß das Strafrecht auf dem Vergeltungsprinzip beruhen, und weil keine utilitaristischen Strafzwecke zulässig sind, deshalb muß die Strafzumessung dann auch auf dem Prinzip der Vergeltung von Gleichem mit Gleichem beruhen. Als Prinzip einer pragmatischen Strafe ergäbe das Wiedervergeltungsprinzip als Strafzumessungsprinzip auch keinen Sinn. Daß Kant auf dieser Grundlage vehement für die Todesstrafe für Mord plädiert, ist verständlich. Der Mord darf nicht bestraft werden, um Morde zu verhindern, oder gar um den Mörder wieder in die Gesellschaft einzugliedern, sondern weil der Mord geschehen ist, und er muß mit dem Tod bestraft werden, weil nur so die Strafe aus der Tat selbst genommen wird. Alle anderen Gedanken hierzu können nach Kant nur der „teilnehmenden Empfindelei einer affectirten Humanität" entspringen.[131]

Es gibt für Kant nur einen Fall, in dem dieses Prinzip nicht gelten kann. Wenn die Zahl der Mörder so groß werden sollte, daß durch ihre Hinrichtung der Staat

---

128 Ebd.

129 Allerdings handelt es sich um eine spezielle Bestimmung von Gerechtigkeit im Sinne des Talionsrechts. Dadurch könnte O. Höffes positive Einschätzung doch etwas relativiert werden: „Weil die Gerechtigkeit als Vernunftidee von Recht eine unbedingte Forderung ist, darf sie nicht zu Gunsten anderer Maßstäbe aufgegeben werden. In dieser Hinsicht hat Kant zweifelsohne Recht: zur Befriedigung der Gerechtigkeit gibt es kein Surrogat." (O. Höffe, Kants Begründung des Rechtszwangs und der Kriminalstrafe, in: Reinhard Brandt, Hrsg., Rechtsphilosophie der Aufklärung, Berlin/New York 1982, 335-375, S. 374)

130 Ebd. S. 333

131 Ebd. S. 335

Gefahr laufen sollte, nicht mehr genügend Staatsbürger zu haben, so kann auch auf eine Strafe erkannt werden, die das Volk noch zu erhalten erlaubt, wie etwa die Deportation. Hier gibt es aber eine wichtige Klausel, mit der Kant seine grundsätzliche Haltung bewahren will. Ein solches Urteil soll nämlich nicht von den Gerichten gefällt werden können, sondern nur vom Souverän selbst, womit hier offensichtlich nicht das Volk, sondern der Herrscher gemeint ist. Wichtig ist also, daß ein solches Urteil nicht durch ein öffentliches Gesetz gefällt werden darf, „sondern durch einen Machtspruch, d.i. einen Act des Majestätsrechts, der als Begnadigung nur immer in einzelnen Fällen ausgeübt werden kann.“[132] Es läßt sich daraus entnehmen, daß Kant hier eine Ausnahme von der praktischen Anwendung des Rechts gelten lassen will, ohne die der Rechtszustand mangels Substanz nicht gelten könnte. Damit will er aber keine Ausnahme von dem Prinzip des Rechts postulieren, gerade deshalb darf eine solche Ausnahme nicht durch den im Rahmen des gesetzten Rechts handelnden Richter, sondern nur vom Souverän gemacht werden.

Bei der Beurteilung von Kants Straftheorie muß jedoch vor allem beachtet werden, daß nicht behauptet wird, mit der Strafe erleide der Verbrecher genau das, was er wollen würde, wenn er richtig oder gerecht wollen könnte. Dies gilt auch nicht im Sinne einer Mitgliedschaft in einer Volksgemeinschaft, aufgrund derer der Mörder seine eigene Strafe wollen müsse. Von einer Übereinstimmung des Willens des Verbrechers mit dem Willen zur Strafe ist hier in einem ganz anderen Sinn die Rede. Derjenige, der den Willen zur Vergeltungsstrafe bei Mord hat, kann im Grunde nicht identisch mit demjenigen sein, der einen Mord begeht. Der erstere gehört dem Staat als der Vereinigung von Menschen unter Rechtsgesetzen an – und Kant definiert den Staat im philosophischen Sinne ausschließlich von der Rechtsgemeinschaft des status civilis her –, der letztere aber hat sich außerhalb des Staates nach dieser Definition gestellt und gehört nicht mehr der Gemeinschaft derjenigen an, die den Rechtszustand wollen. Kant drückt dies so aus: derjenige, der als Staatsbürger die Gesetze will, handelt darin unter dem Aspekt seiner „rechtlich-gesetzgebenden Vernunft“ und damit als „homo noumenon“, der Verbrecher dagegen, der dem Strafgesetz unterworfen wird, handelt nur unter dem Aspekt seines Daseins als „homo phaenomenon“,[133] also als Mensch in der Erscheinung, der auf seine Vernunft verzichtet hat.

Es sollte an dieser Stelle angemerkt werden, daß Kant sich nicht immer so sicher war, daß nur dieser Strafzweck und nur dieses Kriterium der Strafzumessung infrage kommen können. Die Rechtslehre der »Metaphysik der Sitten« ist 1797 erschienen. In einer Vorlesungsnachschrift über Moralphilosophie von 1784/85

---

132 Ebd. S. 334
133 Ebd. S. 335

wird etwa zwischen „warnenden“ und „rächenden“ Strafen unterschieden, wobei unter den ersteren Präventionsstrafen zu verstehen sind.[134] Hier wird nun eine wichtige Unterscheidung gemacht, die offensichtlich in der späteren Rechtslehre aufgegeben wurde. Es wird nämlich darauf hingewiesen, daß die staatlichen Strafen dem Bereich der Prävention angehören, während die „rächenden“, also vergeltenden Strafen eigentlich der Moralität angehören. Kant führte hier dem Vorlesungsnachschreiber Collins zufolge aus: „Alle obrigkeitliche Strafen sind warnende Strafen, entweder den Menschen selbst, der gesündigt hat, zu warnen, oder andre durch dieses Beyspiel zu warnen. Allein, die Strafen eines solchen Wesens, welches der Moralität gemäß die Handlungen bestraft, sind rächende Strafen.“[135] Die Strafgerechtigkeit wird hier von der „Klugheit des Gesetzgebers“ unterschieden, und die Strafen der ersteren werden als moralische, die des letzteren als „pragmatische Strafen“ bezeichnet.

Nun könnte dies so interpretiert werden, daß Kant in dieser Vorlesung darauf aufmerksam machen wollte, wie es sich in der Wirklichkeit verhält. Dann wäre das folgende eine Beschreibung der empirischen Wirklichkeit: „Alle Strafen der Fürsten und der Obrigkeit sind pragmatische, entweder zu corrigiren oder andern zum Beyspiel. Die Obrigkeit straft nicht, weil verbrochen ist, sondern damit nicht verbrochen werde.“[136] Ob Kant sich damit jedoch auf die Seite einer relativen Straftheorie stellt, kann bezweifelt werden, wenn er fortfährt: „Allein jedes Verbrechen hat noch außer dieser Strafe eine Strafwürdigkeit, darum, daß es geschehn ist. Solche Strafen, die also notwendig auf die Handlungen folgen müßen, sind die moralischen, ...“. Die relativ zu verstehende Strafe im Sinne des »ne peccetur«, die als Beschreibung der Strafmotivation in den bestehenden Staaten referiert wird, soll also offensichtlich doch aus philosophischer Sicht nicht ausreichen, um die Bestrafung der Verbrechen zu begründen. Man könnte dies als den Zweck der Strafe verstehen, der nicht mit ihrer Legitimation identisch ist. Als Legitimation wird auch hier schon die absolut zu verstehende Strafe im Sinne des »quia peccatum est« für die „Strafwürdigkeit“ herangezogen, und diese soll zu einem jeden Verbrechen gehören. Nichtsdestoweniger stellt Kant hier eine Unterscheidung zwischen der Klugheit der Politik und der Ausübung der Gerechtigkeit auf.

Aus welchem Gedankenzusammenhang die Entscheidung für die Vergeltungsstrafe nach Strafzweck und Strafzumessung in der Rechtslehre der »Metaphysik der Sitten« schließlich entstanden ist, wird in einer kurzen Passage der

---

134 Kant, Werke in der Akademieausgabe, Bd. 27/1, Moralphilosophie – Vorlesungsnachschrift von Collins, S. 286 f

135 Ebd.

136 Ebd.

1788 veröffentlichen Kritik der praktischen Vernunft bereits deutlich. Hier wird schon betont, in jeder Strafe müsse „zuerst Gerechtigkeit sein",[137] und dagegen wird das utilitaristische Strafen als „Maschinenwerk" bezeichnet, das selbst dann, wenn es in den Händen einer höheren Macht liegt, „ein alle Freiheit aufhebender Mechanismus ihres Willens" ist, d.h. des Willens der vernünftigen Wesen.[138] Die „warnende", relative Präventionsstrafe würde demnach, so könnte man Kants Position pointiert zusammenfassen, gegen das Prinzip der Freiheit verstoßen, das so zentral in Kants praktischer Philosophie ist, daß es schon fast damit identisch ist.[139]

Daraus hat sich zunächst ergeben, daß Kants Theorie der Strafbegründung bzw. des Strafzwecks und seine Theorie der gerechten Strafzumessung zentral auf der Konzeption des Menschen als Selbstzweck beruht, der auch im Staat als rechtlicher Organisation nicht als Mittel für Zwecke benutzt werden darf, die außer ihm selbst liegen. Wir werden uns deshalb für ein Verständnis der Kantischen Prinzipien betreffend Strafzweck und Strafzumessung mit dem Zusammenhang dieser Kantischen Konzeption beschäftigen müssen, und zwar zunächst, wie sie in der Moralphilosophie entwickelt wurde, und dann, wie und warum sie in der Rechtsphilosophie eingesetzt werden kann oder muß.

5.2 Freiheit als moralische Freiheit

Bei genauerer Betrachtung kann bezweifelt werden, ob es sich bei den ethischen Argumentationen von Kant überhaupt um den Versuch handelt, begründet angeben zu können, was wir tun sollen. Möglicherweise ist die Kantische Ethik mit weniger Problemen belastet, wenn wir sie in erster Linie als einen Versuch der Klärung der Unterscheidung ethischer Handlungsanweisungen von Normen nicht-ethischer Art auffassen. Kant beginnt in seiner »Grundlegung zur Metaphysik zur Sitten« die Argumentation mit dem Satz: „Es ist überall nichts in der Welt, ja überhaupt auch außer derselben zu denken möglich, was ohne Ein-

137 Kritik der praktischen Vernunft, Akademieausgabe, S. 66

138 Kritik der praktischen Vernunft, Akademieausgabe, S. 67

139 Die Vernunftidee der Strafwürdigkeit hat demnach ihren Ursprung im Feld der Prinzipien praktischer Geltung überhaupt; daraus ergibt sich, daß der Begriff der Strafe bei Kant nicht aus bloßen Rechtsbegriffen abgeleitet werden kann, sondern als grundlegender Begriff aus der praktischen Grundlegungssphäre erst in die Rechtslehre eingebracht werden muß (Hariolf Oberer, Begründungsaspekte der Kantischen Strafrechtslehre, in: Reinhard Brandt, Hrsg., Rechtsphilosophie der Aufklärung, Berlin/New York 1982, 399-423, S. 402, S. 403).

schränkung für gut könnte gehalten werden, als ein guter Wille."[140] Kant benutzt dies als Ausgangspunkt, um den Charakter dessen, was ethisch heißen kann, zu klären und von anderen Handlungsorientierungen zu unterscheiden.[141] Dies zeigt sich vor allem dann, wenn Kant andere Phänomene untersucht, denen wir das Prädikat »gut« zuschreiben.[142] Kant nennt hier (1) die »Talente des Geistes« wie Verstand, Witz und Urteilskraft, (2) die »Eigenschaften des Temperaments« wie Mut, Entschlossenheit und Beharrlichkeit, und (3) die »Glücksgaben« wie Macht, Reichtum, Ehre und Gesundheit. Das Problem mit diesen Phänomenen ist, daß diese keinen unbedingten inneren Wert haben, weil sie nicht in jedem Falle »gut« heißen können. Es besteht sogar die Möglichkeit, daß diese Phänomene selbst »böse« werden können, wenn sie für nicht zu billigende Zwecke eingesetzt werden können. Kant nennt hier etwa den Mut eines Verbrechers, dessen Vorhandensein den letzteren nicht unbedingt zu einem besseren Menschen macht. Solche Phänomene sind also von den Intentionen und Zielen abhängig, für die sie eingesetzt werden.[143]

Anders verhält es sich jedoch mit einem guten Willen.[144] Für ihn gilt nach Kant: „Der gute Wille ist nicht durch das, was er bewirkt oder ausrichtet, nicht durch seine Tauglichkeit zu Erreichung irgend eines vorgesetzten Zweckes, sondern allein durch das Wollen, d. i. an sich gut".[145] Der Wille allein kann also im eigentlichen Sinne »gut« heißen, weil nur hier die Differenz nicht auftritt, die bei den Temperamenten, Talenten und Glücksgaben es nicht erlaubt, sie schon als solche »gut« zu heißen. Der Wille wird von Kant definiert als „Aufbietung aller Mittel, so weit sie in unserer Gewalt sind".[146] Wenn er also »gut« war, so bleibt er dies auch dann, wenn auf der Grundlage dieses Willens in der Außenwelt ganz andere Wirkungen erreicht werden, als eigentlich gewollt waren.[147] Selbst wenn diese Wirkungen »schlecht« oder »böse« genannt werden können, so betrifft dies

140 Grundlegung zur Metaphysik der Sitten, AA IV, S. 393 (Kants Werke werden zitiert nach der Akademie-Ausgabe – abgekürzt AA – der Preußischen Akademie der Wissenschaften, Berlin 1902 ff).

141 Vgl. F. Kaulbach, Immanuel Kants »Grundlegung zur Metaphysik der Sitten«. Interpretation und Kommentar, Darmstadt 1988, S. 17 ff.

142 Vgl. dazu H. Köhl, Kants Gesinnungsethik, Berlin 1990, S. 28 f; sowie Th. Nisters, Kants Kategorischer Imperativ als Leitfaden humaner Praxis, Freiburg/München 1989, S. 194 ff.

143 Eine ausführliche Erörterung des Begriffs von Handlungen als intentionaler Verhaltungen findet sich bei Nida-Rümelin, J., Kritik des Konsequentialismus, München 1995, S. 29 ff.

144 Vgl. zum Folgenden H. J. Paton, Der Kategorische Imperativ, Berlin 1962, S. 35 f.

145 Grundlegung zur Metaphysik der Sitten, AA IV, S. 393/394.

146 Grundlegung zur Metaphysik der Sitten, AA IV, S. 394.

147 Vgl. H. Köhl, Kants Gesinnungsethik, Berlin 1990, S. 11 f.

doch den Willen selbst nicht. Da ihm die Folgen der Veränderungen in der Außenwelt nicht zugerechnet werden können, so kann er auch bei der Bösartigkeit nicht-intendierter Nebenwirkungen immer noch »gut« heißen.

Mit dem guten Willen als Ausgangspunkt lautet die Frage nun, wodurch denn ein guter Wille bestimmt ist. Wenn hier Kriterien angegeben werden können, so wären damit auch Kriterien gefunden, die eine ethische Handlungsorientierung von einer Orientierung auf der Grundlage nicht-ethischer Normen unterscheiden könnten. Es wäre also gefunden, was das spezifisch Ethische ausmacht. Wenn der Wille nun das bleiben soll, was allein »gut« heißen kann, so kann er durch nichts bestimmt werden, was außer ihm selbst liegt. Damit ist eine Bestimmung durch ein materielles Prinzip ausgeschlossen.[148] Hier zeigt sich die Bedeutung der Kantischen Unterscheidung zwischen »kategorischen« Imperativen und »hypothetischen« Imperativen. Ein hypothetischer Imperativ sagt, „daß die Handlung zu irgend einer möglichen oder wirklichen Absicht gut sei."[149] Ein kategorischer Imperativ dagegen erklärt eine Handlung für notwendig, ohne daß die Beziehung auf eine Absicht bzw. einen Zweck dafür eine Rolle spielt.

Die Bestimmung eines guten Willens muß also »kategorisch« sein, und d. h. sie muß in völliger Unabhängigkeit von allem geschehen, was außerhalb des reinen Willens selbst liegt. Damit ist jenes »formelle Prinzip« des Wollens überhaupt näher charakterisiert, das allein geeignet erscheint, um einen guten Willen bestimmen zu können.[150] Wenn der Wille nun bestimmt werden soll und in dieser Bestimmung die Kriterien gefunden werden sollen, die das spezifisch Ethische ausmachen, so ist nach einem Gesetz gesucht, das keinen materiellen Gehalt in sich hat. Auf der Grundlage eines guten Willens zu handeln, kann also nicht heißen, den Willen durch Gesetze bestimmen zu lassen, die materielle Handlungsregelungen angeben. Kant kommt deshalb zu dem Schluß: „Es kann daher nichts anders als die Vorstellung des Gesetzes an sich selbst, die freilich nur im vernünftigen Wesen stattfindet, sofern sie, nicht aber die verhoffte Wirkung der Bestimmungsgrund des Willens ist, das so vorzüglich Gute, welches wir sittlich nennen, ausmachen, welches in der Person selbst schon gegenwärtig ist, die danach handelt, nicht aber allererst aus der Wirkung erwartet werden darf."[151] Die Vorstellung des Gesetzes an sich selbst kann sich in diesem Zusammenhang nur auf das interne und endogen bestimmte Gesetz eines guten Willens beziehen.[152]

---

148 Vgl. zum Folgenden H. Köhl, Kants Gesinnungsethik, Berlin 1990, S. 18 ff.

149 Grundlegung zur Metaphysik der Sitten, AA IV, S. 414/415.

150 Vgl. A. Dorschel, Die idealistische Kritik des Willens: Versuch über die Theorie der praktischen Subjektivität bei Kant und Hegel, Hamburg 1992, S. 60 ff.

151 Grundlegung zur Metaphysik der Sitten, AA IV, S. 401.

152 Wir könnten darin die spezifisch Kantische Formulierung des Prinzips des ethischen Konsequentialismus sehen, wonach derjenige, der moralisch richtig handelt, zu-

Damit gerät die Kantische Argumentation in die Schwierigkeit, eine Bestimmtheit für ein solches Gesetz finden zu müssen, die auf keinen Gehalt Bezug nehmen darf. Kant löst dieses Problem nun auf eine Weise, die den Zusammenhang seiner Ethik folgenreich präfiguriert. Im Grunde ist mit dieser Lösung die ganze Kantische Ethik schon in nuce gegeben. Die Bestimmtheit, die dem reinen Willen ein Gesetz geben können soll, soll nämlich nur der bloßen Form der Gesetzmäßigkeit entnommen werden. Kant formuliert diesen zentralen Gedanken seiner Ethik so: „Da ich den Willen aller Antriebe beraubt habe, die ihm aus der Befolgung irgend eines Gesetzes entspringen könnten, so bleibt nichts als die allgemeine Gesetzmäßigkeit der Handlungen überhaupt übrig, welche allein dem Willen zum Prinzip dienen soll, d. i. ich soll niemals anders verfahren, als so, daß ich auch wollen könne, meine Maxime solle ein allgemeines Gesetz werden."[153]

Damit ist der kategorische Imperativ als Ergebnis der Kantischen Ethik erreicht. Für die Ausgangsfrage nach der Kantischen Qualifizierung des Ethischen im Unterschied zu anderen Normorientierungen kann also festgehalten werden, daß für Kant nur dann von einer ethischen Handlungsorientierung die Rede sein kann, wenn die Handlung sich an einem Imperativ ausrichtet, der sich durch die reine Form der Gesetzmäßigkeit bestimmt.

Der kategorische Imperativ als Gesetz des guten Willens kann demzufolge nur die Allgemeinheit des Gesetzes selbst ausdrücken. Seine allgemeine Formel lautet dementsprechend: „handle nur nach derjenigen Maxime, durch die du zugleich wollen kannst, daß sie ein allgemeines Gesetz werde."[154] Der kategorische Imperativ ist also nur einer, und aus ihm können alle Imperative der Pflicht als aus ihrem Prinzip abgeleitet werden. Für den Charakter des Ethischen ergibt sich daraus: als ethisch kann nur eine solche Handlungsorientierung gelten, deren Grundlage in einer Maxime des Handelns liegt, die mit dem kategorischen Imperativ als ihrer inneren Form übereinstimmt.[155]

Die im Zusammenhang der Frage nach Kants Straftheorie wichtige Umformulierung des kategorischen Imperativs erreicht Kant nun über eine Problematik, die er durch die Aufstellung des kategorischen Imperativs noch nicht aufgelöst sieht. Es bleibt nämlich noch ein Argumentationsdefizit, das Kant so sieht: „Noch sind wir aber nicht so weit, a priori zu beweisen, daß dergleichen Imperativ wirklich stattfinde, daß es ein praktisches Gesetz gebe, welches schlechterdings und

gleich auch rational handelt; vgl. dazu Nida-Rümelin, J., Kritik des Konsequentialismus, München 1995, S. 52 ff.

153 Grundlegung der Metaphysik der Sitten, AA IV, S. 401/402.

154 Grundlegung zur Metaphysik der Sitten, AA IV, S. 421.

155 Zum Begriff und zur Bedeutung von »Maximen« in der Kantischen Ethik vgl. H. Köhl, Kants Gesinnungsethik, Berlin 1990, S. 45 ff; sowie Th. Nisters, Kants Kategorischer Imperativ als Leitfaden humaner Praxis, Freiburg/München 1989, S. 84 ff.

ohne alle Triebfedern für sich gebietet, und daß die Befolgung dieses Gesetzes Pflicht sei."[156] Im Grunde ist also der Charakter des Ethischen bisher nur so weit geklärt, daß gewußt wird, wie eine ethische Verpflichtetheit aussehen muß und welchen Formen sie folgen muß; es ist aber noch nicht nachgewiesen, daß eben diese Verpflichtetheit tatsächlich besteht.

Die Definition des Ethischen durch die unbedingte und rein auf der Form der Gesetzesförmigkeit beruhende Bestimmung handlungsleitender Maximen führt Kant nun zu jener Formulierung des kategorischen Imperativs, die den Bezug auf andere Menschen explizit aufnimmt, und die ihn in der Rechtsphilosophie dazu führt, jede Präventionsbegründung und auch jede utilitaristische Begründung der Strafe strikt abzulehnen. Kant geht dazu von der Überlegung aus, daß der ethisch relevante Wille ein Vermögen darstellt, „der Vorstellung gewisser Gesetze gemäß, sich selbst zum Handeln zu bestimmen."[157] Der Grund einer solchen Selbstbestimmung kann nun als Zweck bezeichnet werden. Wenn der kategorische Imperativ eine Handlungsbestimmung fordert, die nur durch die Form der Gesetzmäßigkeit – d. h. der Allgemeinheit – determiniert ist und von jeder materiellen Bestimmung unabhängig ist, so kann ein solcher Zweck nur als Selbstzweck verstanden werden. Demnach kann der kategorische Imperativ auch mit Hilfe des Begriffes des Selbstzweckes bzw. des Zweckes an sich selbst formuliert werden.

Auf dieser Grundlage geht Kant nun einen entscheidenden Schritt weiter. Er sucht für diese neue Formulierung des kategorischen Imperativs nach einem Phänomen in der Welt, das als Zweck an sich selbst angesehen werden kann. Kann ein solches »etwas« gefunden werden, das Zweck an sich selbst ist, so kann dies dann in die Formulierung des kategorischen Imperativs eingehen. Die Überlegung, die Kant zu dieser Reformulierung des kategorischen Imperativs führt, lautet demgemäß: „Gesetzt aber, es gäbe etwas, dessen Dasein an sich selbst einen absoluten Wert hat, was als Zweck an sich selbst ein Grund bestimmter Gesetze sein könnte, so würde in ihm und nur in ihm allein, der Grund eines möglichen kategorischen Imperativs, d. i. praktischen Gesetzes liegen."[158] Dieses »etwas« kann nun nur der Mensch bzw. allgemeiner: jedes vernünftige Wesen sein: „der Mensch und überhaupt jedes vernünftige Wesen existiert als Zweck an sich selbst, nicht bloß als Mittel zum beliebigen Gebrauche für diesen oder jenen Willen, sondern muß in allen seinen sowohl auf sich selbst, als auch auf andere ver-

156 Grundlegung zur Metaphysik der Sitten, AA IV, S. 424/425.
157 Grundlegung zur Metaphysik der Sitten, AA IV, S. 427.
158 Grundlegung zur Metaphysik der Sitten, AA IV, S. 428.

nünftige Wesen gerichteten Handlungen jederzeit zugleich als Zweck betrachtet werden."[159]

Der Mensch als Person erfüllt demnach also genau jene Anforderungen, die Kant für das Prinzip des Ethischen ausgearbeitet hat. Menschen sind also »objektive Zwecke«: „d. i. Dinge, deren Dasein an sich selbst Zweck ist, und zwar einen solchen, an dessen Statt kein anderer Zweck gesetzt werden kann, dem sie bloß als Mittel zu Diensten stehen sollten".[160] Weil mit der Person nun eine Entität in der Welt gefunden ist, die als absoluter Wert bezeichnet werden kann, deshalb kann der Begriff der Person dazu dienen, in dem ausgearbeiteten Prinzip des Ethischen die Bestimmung des Willens durch reine Gesetzesförmigkeit ohne Bezug auf Bestimmungsgründe jenseits des bloßen guten Willens durch eben jenen Selbstzweck zu ersetzen. Wäre dies nicht möglich, so bliebe auch das ethische Prinzip eine bloße Konstruktion: „wenn aber aller Wert bedingt, mithin zufällig wäre, so könnte für die Vernunft überall kein oberstes praktisches Prinzip angetroffen werden."[161] Wenn die Form der Gesetzmäßigkeit durch die Person als Selbstzweck ersetzt wird, so ist folgende Neuformulierung des kategorischen Imperativs erreicht: „Handle so, daß du die Menschheit sowohl in deiner Person, als in der Person eines jeden andern jederzeit zugleich als Zweck, niemals bloß als Mittel brauchest."[162] Die »Menschheit«, die in der Person jederzeit zugleich als Zweck betrachtet werden soll, bedeutet hier nicht die Summe der Menschen, sondern den Inbegriff des Menschlichen, den Kant zuvor mit Hilfe der Selbstzweckhaftigkeit erklärt hatte.[163]

---

159 Grundlegung zur Metaphysik der Sitten, AA IV, S. 428.

160 Grundlegung zur Metaphysik der Sitten, AA IV, S. 428. Kant will damit jedoch nicht sagen, daß Menschen nicht auch als Mittel angesehen werden können und dürfen. Dies ist im Grunde immer dann bereits der Fall, wenn wir einen Menschen im sozialen Zusammenhang auffassen, wo jeder auch als Mittel für den anderen erscheint. Unerläßlich für die Bestimmung des Menschen ist nach Kant jedoch, daß wir den Menschen nicht nur auf diese Weise auffassen, sondern auch als Zweck an sich selbst und damit als nicht durch eine Beziehung auf andere Entitäten in der Welt schon endgültig bestimmt.

161 Grundlegung zur Metaphysik der Sitten, AA IV, S. 428.

162 Grundlegung zur Metaphysik der Sitten, AA IV, S. 428/429.

163 Es ist jedoch fraglich, ob Kant mit diesem abstrakten Begriff des Menschlichen der Forderung genügen kann, derzufolge eine ethische Theorie auch daran gemessen werden muß, „welche Eigenschaften eine Gesellschaft von Personen hätte, die dieser Theorie in idealer Weise genügen." (Nida-Rümelin, J., Kritik des Konsequentialismus, München 1995, S. 186). Kants Ansatz bleibt hier trotz des Universalisierungsprinzips doch an einer subjektzentrierten Ethik orientiert, die die Einbettung individueller Handlungen und Handlungsmotivationen in gesellschaftliche Zusammenhänge nicht berücksichtigt und nicht reflektiert.

Ethisch handeln heißt demzufolge also, andere Menschen so behandeln, daß ihnen ihre Fähigkeit zur Selbstbestimmung erhalten bleibt. Nur so erscheinen sie als absolute Werte, die nicht durch Bezüge auf außer ihnen liegende Zwecke relativiert sind. Kant drückt den Grundsatz seiner Ethik deshalb auch so aus: die moralische Verantwortlichkeit besteht in der „Abhängigkeit eines nicht schlechterdings guten Willens vom Prinzip der Autonomie".[164] »Autonomie« kann geradezu als Zentralbegriff der Kantischen Ethikkonzeption aufgefaßt werden.[165] Dies ist bereits in zweifacher Hinsicht deutlich geworden. Autonomie heißt wörtlich übersetzt »Selbstgesetzgebung«. Diese Selbstgesetzgebung ist das Prinzip, auf dessen Grundlage sich ein Wille bestimmen muß, wenn er ein guter Wille sein soll. Nur ein guter Wille aber kann Grundlage eines ethisch relevanten Verhaltens sein. Ethisch relevant handeln heißt demnach, einem Willen zu folgen, der sich autonom bestimmt hat.

Durch die Selbstzweckformel wird die Autonomie zu der Eigenschaft des Menschen, die in einem ethisch relevanten Handeln notwendig berücksichtigt werden muß. Der kategorische Imperativ fordert also nach dieser Formel, so zu handeln, daß dabei die Autonomie der davon betroffenen Personen berücksichtigt wird. Als Zwecke an sich werden andere Menschen nur dann aufgefaßt, wenn sie als fähig zur Selbstgesetzgebung angesehen werden. Die Autonomie kann also nicht nur auf seiten des Handelnden als Grundlage eines ethisch richtigen Wollens verstanden werden, sondern muß ebenso als zu berücksichtigende Auszeichnung anderer Menschen in diesem Wollen ihren Niederschlag finden. Unter diesem Aspekt stellt sich eine im ethischen Sinne verantwortliche Handlung als eine solche Handlung dar, die von einem autonom seinen Willen bestimmenden und darin gleichzeitig die Autonomie fremder Personen respektierenden Akteur ausgeführt wird.

Das Problem ist nun offensichtlich, inwiefern dieser kategorische Imperativ tatsächlich das gleiche aussagen kann wie die Formulierung, derzufolge wir nur nach derjenigen Maxime handeln sollen, durch die wir zugleich wollen können, daß sie ein allgemeines Gesetz werde. Die Kantische Behauptung lautet ja grundsätzlich, nach einer Maxime handeln, die es uns erlaubt, zu wollen, daß sie ein allgemeines Gesetz werde, sei identisch mit dem Handeln nach einer Maxime, die es uns erlaubt, in diesem Handeln andere Menschen als selbstzweckhafte Personen zu behandeln. Die Auffassung anderer Menschen als Personen muß Kant zufolge offenbar eine solche Handlungsorientierung voraussetzen, die sich an Ma-

164 Grundlegung zur Metaphysik der Sitten, AA IV, S. 439.

165 Vgl. D. Henrich, Ethik der Autonomie, in: ders., Selbstverhältnisse, Stuttgart 1982, S. 6-56; sowie F. Kaulbach, Immanuel Kants »Grundlegung zur Metaphysik der Sitten«. Interpretation und Kommentar, Darmstadt 1988, S. 100 ff.

ximen ausrichtet, die es erlauben, zu wollen, daß sie allgemeine Gesetze werden. Eine Auffassung von Menschen als Personen und eine an der allgemeinen Gesetzesförmigkeit orientierte Maximengestaltung bedingen sich nach diesem Gedankengang also wechselseitig. Daß wir uns in der Gestaltung unserer Maximen an ihrer möglichen Verallgemeinerbarkeit orientieren sollen und nur darin in einem ethischen Sinne verpflichtet handeln, begründet sich also daraus, daß wir uns vorstellen müssen, daß diese Handlung mit der Autonomie und der Selbstzweckhaftigkeit aller Menschen vereinbar ist. Nur wenn sie in diesem Sinne verallgemeinerbar ist, ist die ihr zugrundeliegende Maxime ethisch gerechtfertigt.

Die Auflösung muß offensichtlich darin gesehen werden, daß die Allgemeinheit, die Kant als Grundlage für die Auszeichnung ethischer Handlungsorientierungen nimmt, sich auf Wesen bezieht, die als autonom angesehen werden können, also selbstbestimmt und selbstgesetzgebend. Ethisch handeln heißt demzufolge, sich an Maximen auszurichten, die mit der Autonomie aller Menschen übereinstimmend angesehen werden, die die Autonomie anderer Menschen also nicht verletzen. In der Selbstzweckformel war das moralische Handeln mit einem Handeln nach Maximen gleichgesetzt worden, die andere Menschen als Selbstzwecke und nicht bloß als Mittel aufzufassen erlauben. Moralisch kann demnach nur ein Handeln genannt werden, das durch Maximen geleitet wird, die den Respekt für die Autonomie und die Freiheit der anderen Menschen implizieren. Deshalb muß ein im ethischen Sinne verantwortliches Handeln nicht nur als freies und personales Handeln begriffen werden, sondern auch und im gleichen Sinne als ein Handeln, das in den leitenden Maximen die Freiheit der möglicherweise betroffenen Personen anerkennt. Dies aber ist wiederum identisch mit einem Handeln, das die anderen Personen als selbst autonom, personal und damit ethisch verantwortlich versteht.

Nun führt Kant in seinem Argumentationsgang weiter aus, daß die Sittlichkeit lediglich aus der Eigenschaft der Freiheit abgeleitet werden muß.[166] Entsprechend heißt es in der »Kritik der praktischen Vernunft«, der sittliche Imperativ würde »analytisch« sein, „wenn man die Freiheit des Willens voraussetzte".[167] Ohne diese Voraussetzung aber wäre die Begründung des sittlichen – d. h. kategorischen – Imperativs ein synthetischer Satz a priori. Ebenso könnte ohne diese Voraussetzung nur synthetisch dafür argumentiert werden, daß „der Wille eines jeden vernünftigen Wesens an den Imperativ der Sittlichkeit als Bedingung notwendig gebunden sei".[168] Die Autonomie als Prinzip der Moral dagegen ließ sich analytisch finden, nämlich im Ausgang von dem Begriff eines guten Willens, der

---

166 Grundlegung zur Metaphysik der Sitten, AA IV, S. 447.
167 Kritik der praktischen Vernunft, AA V, S. 31.
168 Grundlegung zur Metaphysik der Sitten, AA IV, S. 440.

bereits die Orientierung an der Verallgemeinerungsfähigkeit als der reinen Form der Gesetzmäßigkeit als Bestimmungsgrund fordert.[169]

Kant ist folglich nun verpflichtet, einen Begriff von Freiheit zu entwickeln, der den sittlichen Imperativ weiter begründen kann, indem es mit seiner Hilfe möglich ist, die Sittlichkeit aus der Eigenschaft der Freiheit abzuleiten. Allerdings stößt die Argumentation hier auf beträchtliche Schwierigkeiten, die nur mit Hilfe einer ungewöhnlichen Argumentationsform behoben werden können. Die Freiheit läßt sich nicht beweisen und als eine Wirklichkeit in der objektiven Welt nachweisen. Dies läßt sich schon daraus ersehen, daß die objektive Welt in der Kantischen Philosophie als konstituiert durch notwendige und allgemeine und deshalb apriorische Urteilsformen bzw. Kategorien aufgefaßt wird. Wenn die objektive Welt unter notwendigen Gesetzen steht, so findet sich in ihr kein Raum für Freiheit. Die Möglichkeit und Wirklichkeit der Freiheit kann deshalb nur durch den Verweis auf ein Phänomen gezeigt werden, das plausibel nur durch ein Durchbrechen der Kette der Kausalität verstanden werden kann.

Ein solches Phänomen kann im Rahmen der Kantischen Philosophie jedoch nur die Moralität selbst sein. Die Kantische Moralphilosophie hat bis jetzt den Gedanken entwickelt, daß ethische Verbindlichkeit darin besteht, den Willen durch die reine Form der Gesetzlichkeit zu bestimmen und ihn damit von allen materiellen Determinanten abzusondern. Dies kann auch als Selbstbestimmung verstanden werden, die nicht durch fremde Bestimmungsgründe determiniert wird. Deshalb unterbricht eine ethische Handlungsorientierung die Kette der Kausalität und ist »spontan«, d. h. selbsttätig, indem sie den Willen autonom im Sinne einer reinen Selbstzweckhaftigkeit bestimmt. Kant formuliert deshalb: das moralische Gesetz dient „umgekehrt selbst zum Prinzip der Deduktion eines unerforschlichen Vermögens" – nämlich der Freiheit –, „von der das moralische Gesetz, welches selbst keiner rechtfertigenden Gründe bedarf, nicht bloß die Möglichkeit, sondern die Wirklichkeit an Wesen beweiset, die dies Gesetz als für sie verbindend erkennen".[170] Der Begriff der Freiheit wird also nun auf den moralischen Gebrauch der Vernunft gegründet.[171]

Vereinfacht lautet die Argumentation also wie folgt: der Gedanke der ethischen Verbindlichkeit ist ohne die Voraussetzung der Freiheit nicht zu formulieren; nun können wir jedoch von der Wirklichkeit des ethischen Sollens ausgehen; also können wir auch die Freiheit als wirklich ansehen – auch wenn dies nach den Begriffen der theoretischen Philosophie nicht möglich wäre. In Kants

169 Vgl. F. Kaulbach, Immanuel Kants »Grundlegung zur Metaphysik der Sitten«. Interpretation und Kommentar, Darmstadt 1988, S. 120 ff.

170 Kritik der praktischen Vernunft, AA V, S. 47.

171 Vgl. Kritik der praktischen Vernunft, AA V, S. 5.

Worten: erst das »Faktum« der Moralität gibt uns das positive Bewußtsein der Freiheit; das moralische Gesetz »beweist« die Wirklichkeit der Freiheit;[172] unsere eigene Freiheit kennen wir somit nur durch den moralischen Imperativ.[173]

Nun hatte Kant den moralischen Imperativ selbst nur durch die Voraussetzung der Freiheit als verbindlich für alle vernünftigen Wesen nachweisen können. Offensichtlich bewegt sich die fundamentale Begründungsstruktur der Kantischen Ethik also in einem Zirkel: die Freiheit kann nur durch die Moralität in ihrer Wirklichkeit nachgewiesen werden; die Moralität jedoch setzt bereits die Freiheit voraus. Kant gesteht diesen Status der Argumentation auch zu: „Es zeigt sich hier, man muß es frei gestehen, eine Art von Zirkel, aus dem, wie es scheint, nicht herauszukommen ist. Wir nehmen uns in der Ordnung der wirkenden Ursachen als frei an, um uns in der Ordnung der Zwecke unter sittlichen Gesetzen zu denken, und wir denken uns nachher als diesen Gesetzen unterworfen, weil wir uns die Freiheit des Willens beigelegt haben".[174]

Grundsätzlich akzeptiert Kant diese Sachlage auch. Er kann dies jedoch nur deshalb, weil er eine Unterscheidung in Anspruch nimmt, die in der »Kritik der reinen Vernunft« entsprechend als Erscheinung und Ding an sich gebraucht wurde. Hier in der Moralphilosophie unterscheidet Kant zwei »Standpunkte«, von denen aus der Mensch ein Verständnis von sich selbst gewinnen kann: er kann sich selbst als zur Sinnenwelt gehörig betrachten und ist dann ein Teil der Welt, die unter Kausalgesetzen steht; er kann sich jedoch auch als Teil einer »intelligibelen Welt« betrachten, in der er sich als frei denken kann.[175] Von diesem Gedanken her kann Kant den Grundgedanken seiner Moralphilosophie folgendermaßen formulieren: „so sind kategorische Imperative möglich, dadurch daß die Idee der Freiheit mich zu einem Gliede einer intelligibelen Welt macht".[176]

Nun war in der Selbstzweckformel das moralische Handeln mit einem Handeln nach Maximen gleichgesetzt worden, die andere Menschen als Selbstzwecke und nicht bloß als Mittel aufzufassen erlauben. Moralisch kann demnach nur ein

---

172 Kritik der praktischen Vernunft, AA V, S. 47.

173 Metaphysik der Sitten, AA VI, S. 239.

174 Grundlegung zur Metaphysik der Sitten, AA IV, S. 450. Das wechselseitige Voraussetzungsverhältnis von Freiheit und Moralität bildet nach Kant „die oberste Grenze aller moralischen Nachforschung" (a. a. O., S. 462). Damit „begreifen wir zwar nicht die praktische unbedingte Notwendigkeit des moralischen Imperativs, wir begreifen aber doch seine Unbegreiflichkeit, welches alles ist, was billigermaßen von einer Philosophie, die bis zur Grenze aller menschlichen Vernunft in Prinzipien strebt, gefordert werden kann" (a.a.O., S. 463).

175 Vgl. dazu A. Dorschel, Die idealistische Kritik des Willens: Versuch über die Theorie der praktischen Subjektivität bei Kant und Hegel, Hamburg 1992, S. 24 ff, S. 31 ff.

176 Grundlegung zur Metaphysik der Sitten, AA IV, S. 454.

Handeln genannt werden, das durch Maximen geleitet wird, die den Respekt für die Autonomie und die Freiheit der anderen Menschen implizieren. Gerade ein Handeln nach solchen Maximen wird nun als frei bezeichnet. Wenn wir nun zu der Konzeption der Strafe und der Strafzumessung zurückkehren, so könnte gesagt werden, daß Kant eine Behandlung des Verbrechers als Selbstzweck als ethische Forderung auszeichnet, mit der allein die Freiheit im Recht garantiert ist, indem die Freiheit des Verbrechers anerkannt wird, bzw. indem er als ein freies Wesen behandelt wird. Die Vergeltungsstrafe war ja auf eine negative Weise begründet worden, indem alle präventiven Strafgründe als Verstoß gegen die Selbstzweckhaftigkeit des Verbrechers ausgeschlossen wurden. Insofern können wir nun die Straftheorie als ein Ergebnis der Kantischen Moralphilosophie sehen. Damit schließt sie aber auch alle Probleme dieser Ethik in sich, dies betrifft insbesondere die Trennung zwischen phaenomenalem Dasein in der Erscheinungswelt und noumenalem Dasein in einer noumenalen Welt. Als moralisch frei kann ja nicht das empirische Dasein des Menschen in der Welt der naturwissenschaftlich bestimmten Zusammenhänge angesehen werden, sondern nur das Dasein in einer Welt, in der der Mensch sich durch seine moralische Maximenbestimmung versetzt, und die Kant als intelligible Welt, d.h. als Verstandeswelt im Gegensatz zu einer empirischen Welt bezeichnet. Daraus könnte entnommen werden, daß diese Unterscheidung auch eine notwendige Voraussetzung für die Begründung der Kantischen Straftheorie sein muß.

5.3 Freiheit als rechtliche Freiheit

Der Begriff der Freiheit stellt nun zum einen den Grundbegriff der Kantischen Moralphilosophie dar, zum anderen fundiert er jedoch auch die Kantische Philosophie des Rechts.[177] Das Recht ist in Kants Konzeption eine Regelung, mit Hilfe derer freie, verantwortliche und selbstzweckhafte (also mit der Fähigkeit zur Selbstbestimmung ausgezeichnete) Wesen zusammen leben können, ohne sich wechselseitig an ihrer Freiheit Abbruch zu tun.[178] Das Recht bezeichnet einen »bürgerlichen Zustand«, in dem Rechte durch öffentliche und mit Sanktionen durchsetzbare positive Gesetze garantiert werden.[179] Im bürgerlichen Zustand wird die Vereinigung der Freiheiten „unter einer allgemeinen äußeren (d. i. öf-

177 Vgl. zum Folgenden G.-W. Küsters, Kants Rechtsphilosophie, Darmstadt 1988, und W. Kersting, Wohlgeordnete Freiheit. Immanuel Kants Rechts- und Staatsphilosophie, Berlin 1984.

178 Vgl. G. Geismann, Kant als Vollender von Hobbes und Rousseau, in: Der Staat 27/1982, S. 161 - 189, S. 178.

179 Vgl. G.-W. Küsters, Kants Rechtsphilosophie, Darmstadt 1988, S. 56.

fentlichen) mit Macht begleiteten Gesetzgebung" geregelt.[180] Darin ist auch die Notwendigkeit der Existenz des Staates begründet. Der Staat ist im Kantischen Verständnis die Instanz, die durch ihr Gewaltmonopol die Durchsetzung der positiven Gesetze ermöglicht und damit den »status belli« in den »bürgerlichen Zustand« transformiert.[181] Der Staat stellt eine „Vereinigung einer Menge von Menschen unter Rechtsgesetzen" dar, und in ihm sind die einzelnen Willen „verbunden durch das gemeinsame Interesse Aller, im rechtlichen Zustande zu sein."[182]

Kant bezeichnet die »juridischen Pflichten« nun ebenso als ethische Pflichten.[183] Er spricht hier von »indirekt-ethischen« Pflichten.[184] Die Unterscheidung zwischen Moral und Recht betrifft also grundsätzlich „die Einteilung in die Pflichten der äußeren und inneren Freiheit".[185] Dieser Zusammenhang von moralischer und rechtlicher Freiheit ergibt sich nun zunächst aus der Verantwortlichkeit, die aufgrund ihrer Freiheit nur der Person zukommt, die sich selbst bestimmen kann und somit als Selbstzweck existiert. Diese Verantwortlichkeit bildet die Grundlage der Möglichkeit des Rechts. Da das Recht aber die äußeren Handlungen einer Person regelt – und nicht in erster Linie auf die Beweggründe achtet, wie das gemäß der Kantischen Ethik für die Moral charakteristisch ist, so ist als Person nun der Mensch aufzufassen, insofern er eine rechtlich relevante Tat begehen kann. Als rechtlich relevante Tat kann eine Handlung dann bezeichnet werden, „sofern sie unter Gesetzen der Verbindlichkeit steht, folglich auch sofern das Subjekt in derselben nach der Freiheit seiner Willkür betrachtet wird."[186]

Das Dasein als ein »rechtlicher Mensch« ist also gleichbedeutend damit, „im Verhältnis zu anderen seinen Wert als den eines Menschen zu behaupten" und erfordert von der Person das Bestreben, sich für andere nicht zum bloßen Mittel zu machen, sondern für sie zugleich Zweck zu sein.[187] Damit ist jene eingangs erwähnte Begründung der Vergeltungsstrafe, oder besser: die Ablehnung des Präventions- wie jedes utilitaristischen Gedankens – bereits in dem Zusammenhang der Ethik und ihrer Selbstzweckformel des kategorischen Imperativs angelegt.

---

180 Metaphysik der Sitten, AA VI, S. 256.
181 Vgl. W. Kersting, Wohlgeordnete Freiheit. Immanuel Kants Rechts- und Staatsphilosophie, Berlin 1984, S. 199 ff, S. 233 ff.
182 Metaphysik der Sitten, AA VI, S. 313 bzw. 311.
183 Metaphysik der Sitten, AA VI, S. 214.
184 Metaphysik der Sitten, AA VI, S. 221.
185 Metaphysik der Sitten, AA VI, S. 406.
186 Metaphysik der Sitten, AA VI, S. 223.
187 Metaphysik der Sitten, AA VI, S. 236.

Der Kantische Begriff des Rechts erscheint in Bezug auf den Begriff der Person insofern als die Übertragung der grundlegenden Begriffe der Moralphilosophie in die Sphäre der äußeren Beziehungen zwischen Menschen. Das Recht wird von Kant deshalb bestimmt als „der Inbegriff der Bedingungen, unter denen die Willkür des einen mit der Willkür des andern nach einem allgemeinen Gesetze der Freiheit zusammen vereinigt werden kann.“[188] Es stellt also eine Regelung dar, mit Hilfe derer freie, verantwortliche und selbstzweckhafte (also mit der Fähigkeit zur Selbstbestimmung ausgezeichnete) Wesen zusammen leben können, ohne sich wechselseitig an ihrer Freiheit Abbruch zu tun.[189]

Im Unterschied von der Moral regelt das Recht aber äußere Handlungen und abstrahiert dabei von der individuellen Intention, solange dadurch nicht Zweifel an der Verantwortlichkeit, Freiheit und damit Zurechenbarkeit von Taten entstehen. Darüber hinaus würde im Status des bloßen Naturrechts jeder sein eigener Richter sein und damit ein Zustand gegeben sein, den Kant als »status belli« bezeichnet. Das Recht bezeichnet unter diesem Aspekt nun den Übergang zu einem »bürgerlichen Zustand«, in dem Rechte durch öffentliche und mit Sanktionen durchsetzbare positive Gesetze garantiert werden.[190] Im bürgerlichen Zustand wird die Vereinigung der Freiheiten nun „unter einer allgemeinen äußeren (d. i. öffentlichen) mit Macht begleiteten Gesetzgebung“ geregelt.[191] Diese Durchsetzbarkeit von Gesetzen auch gegen Widerstand ist nach Kant bereits „im Begriffe einer äußeren rechtlichen Verpflichtung wegen der Allgemeinheit, mithin auch der Reziprozität der Verbindlichkeit aus einer allgemeinen Regel enthalten.“[192]

Da nur so die Freiheiten vereinigt werden können und damit Personen in ihrer Freiheit, Verantwortlichkeit und Selbstzweckhaftigkeit miteinander leben können, deshalb ist der »bürgerliche Zustand« aber eine Forderung, die bereits aus der moralphilosophischen Grundlegung der Begriffe Freiheit und Selbstzweckhaftigkeit abgeleitet werden kann.[193] Einen solchen Zustand anzustreben, ist folglich selbst eine moralische Forderung, die unmittelbar aus den Grundlagen der Moralität entsteht. Der »bürgerliche Zustand« ist also so begründet, „daß alle

188 Metaphysik der Sitten, AA VI, S. 230.

189 Vgl. G. Geismann, Kant als Vollender von Hobbes und Rousseau, in: Der Staat 27/1982, S. 161 - 189, S. 178.

190 Vgl. G.-W. Küsters, Kants Rechtsphilosophie, Darmstadt 1988, S. 56.

191 Metaphysik der Sitten, AA VI, S. 256.

192 Metaphysik der Sitten, AA VI, S. 256. Vgl. auch W. Kersting: „Das System der äußeren Freiheit besorgt durch heteronome Disziplinierung aller selbst seine Erhaltung.“ (W. Kersting, Wohlgeordnete Freiheit. Immanuel Kants Rechts- und Staatsphilosophie, Berlin 1984, S. 12)

193 Vgl. F. Kaulbach, Studien zur späten Rechtsphilosophie Kants und ihrer transzendentalen Methode, Würzburg 1982, S. 229 f.

Menschen, die mit einander (auch unwillkürlich) in Rechtsverhältnisse kommen können, in diesen Zustand treten sollen".[194]

Im Rechtszustand zu leben ist also eine ethische Forderung. In erster Linie ist hier an die Selbstzweckhaftigkeit des Menschen zu denken, der deshalb an die Bestimmung seines Willens durch die reine Form der Gesetzlichkeit gebunden ist, weil er und alle vernünftigen Wesen als Zwecke an sich selbst existieren. Daraus ergibt sich: das Recht wird in der Kantischen Rechtsphilosophie dadurch gerechtfertigt, daß es der besonderen Würde des Menschen entspricht, der sich selbst und andere nicht allein als Mittel, sondern stets auch als Zwecke an sich selbst auffassen muß. Hier wird erneut der Sinn der Ausschließung der Prävention als Verstoß gegen die Selbstzweckhaftigkeit des Menschen deutlich. Das Recht und der Staat sind für Kant Institutionen, die die Selbstzweckhaftigkeit des Menschen sichern sollen, deshalb kann staatliches Strafen nicht durch die Anwendung des Präventionsgedankens dagegen verstoßen.[195]

194 Metaphysik der Sitten, AA VI, S. 306.

195 Durch den Rechtsbegriff des status civilis wird also eine Verknüpfung hergestellt zwischen der rein rationalen – ethischen – Strafnotwendigkeit und der realen Zwangsbefugnis des rechtlichen äußeren Freiheitsgebrauchs: „Die Realmöglichkeit der vernunftnotwendigen Strafe ergibt sich erst durch den Übergang aus dem natürlichen in den bürgerlich-rechtlichen Zustand." Andererseits aber ist es auch um der Möglichkeit der staatlichen Strafe willen notwendig, in den bürgerlichen Zustand überzugehen. (Hariolf Oberer, Begründungsaspekte der Kantischen Strafrechtslehre, in: Reinhard Brandt, Hrsg., Rechtsphilosophie der Aufklärung, Berlin/New York 1982, 399-423, S. 408 f)

6. Jenseits von Retributivismus und Präventionismus?

6.1 Der Strafzweck der Resozialisierung

Was ihre utilitaristischen Begründung angeht, so ist die Strafrechtsbegründung der Generalprävention ihrem Prinzip nach durchaus mit dem Gedanken der Resozialisierung als Strafzweck vereinbar.[196] Dem Utilitarismus ist es grundsätzlich ja gleichgültig, wie die Nutzenmehrung für die größte Zahl erreicht werden kann. Sofern man den Nutzen durch die Minimierung der Zahl der Verbrechen definieren kann, so ist dem utilitaristischen Prinzip auch dann genüge getan, wenn dieses Ziel durch Resozialisierungsmaßnahmen gefördert wird. Nun kann es fraglich erscheinen, ob Resozialisierungsmaßnahmen überhaupt im Zusammenhang mit Begründungsfragen des Strafrechts behandelt werden können. Man könnte argumentieren, daß es dabei um Strafvollzugsfragen geht, wie dies ja auch in der Bundesrepublik durch die rechtssystematische Einordnung des sog. Resozialisierungs- bzw. Behandlungsvollzugs in § 2 StVollzG zum Ausdruck kommt.[197] Es könnte auch das Bundesverfassungsgericht herangezogen werden, das das Ziel des Strafvollzuges »vornehmlich«, wenn auch nicht ausschließlich, darin sieht, den Gefangenen zu befähigen, künftig in sozialer Verantwortung ein Leben ohne Straftaten zu führen.[198]

Nichtsdestoweniger kommt in der Resozialisierungsidee, auch wenn sie als Teil des Strafvollzugs angesehen wird und die Strafe selbst nicht ersetzen soll, ein Gedanke zum Ausdruck, der auf utilitaristischer Grundlage in Konkurrenz zum Präventionsgedanken steht. Im Grunde kommt hier wieder das utilitaristische Fundamentalkalkül zum Tragen. Wenn der Nutzen der größten Zahl – und dazu gehört auch der Straftäter selbst – durch Resozialisierungsmaßnahmen

---

196 Vgl. dazu Bottke, Wilfried, Was bleibt von der Resozialisierung übrig?, in: Boor, Wolfgang de/Frisch, Wolfgang/Rode, Irmgard, Hrsg., Resozialisierung – Utopie oder Chance, Köln 1995, S. 43-50; Müller-Dietz weist darauf hin, daß weder ein normativ befriedigendes noch ein wissenschaftlich allseits akzeptiertes Resozialisierungs- oder Behandlungskonzept existiert (Abschied vom (Re-)Sozialisierungsgedanken?, in: a.a.O., S. 77-98).

197 Vgl. Hassemer, W., Resozialisierung und Rechtsstaat, in: KrimJ 1982, S. 161 ff; sowie Schüler-Springorum, H., Zur Fortentwicklung des Behandlungsgedankens im Strafvollzug, in: Schwind, H.-D./Steinhilper, G./Böhm, A., Hrsg., 10 Jahre Strafvollzugsgesetz, Heidelberg 1988, S. 124 ff.

198 BVerfGE 64, S. 261 ff, 273 ff

besser gefördert werden kann als durch die Strafe selbst, so ist die Strafe im Grunde nicht mehr gerechtfertigt, wenn sie zu einer schlechteren Nutzenbilanz für die Allgemeinheit führt. In der Konsequenz führt die Überlegung also dann zu dem Resultat, sollte es gelingen, durch Erziehungsmaßnahmen den Zweck der Verhinderung künftiger Straftaten besser zu garantieren als durch die Kriminalstrafe, so könnte auf die letztere verzichtet werden, und es müßten Erziehungsmaßnahmen an ihre Stelle treten. Daß dies auf empirischer Grundlage nach den bisherigen Erfahrungen mit Resozialisierungsmaßnahmen unrealistisch ist, muß der Sinnhaftigkeit des Gedankenganges in Bezug auf die Auseinandersetzung zwischen Präventionsbegründung und Vergeltungstheorie in Bezug auf die Strafrechtstheorie nicht widersprechen.

Für die Bundesrepublik ist in diesem Zusammenhang von Bedeutung, daß schon die verfassungsrechtliche Wertordnung einen reinen Sicherungs- bzw. Verwahrungsvollzug verbietet, ohne daß der Straftäter auch nach Möglichkeit Zugang zu rückfallverhütenden Einwirkungen erhält.[199] Andererseits wäre allerdings auch ein reiner Therapievollzug verfassungsrechtlich unzulässig, der Art 1 GG widersprechen würde.[200] Das Resozialisierungsziel ist hier insbesondere so zu konkretisieren, daß dem Straftäter die Verantwortung für sein persönliches Leben und seine Sozialbeziehungen nicht abgenommen wird. Das Resozialisierungsziel ist vom BVerfG in diesem Sinne insbesondere auf das Prinzip der Menschenwürde und auf das Sozialstaatsprinzip zurückgeführt worden: „Als Träger der aus der Menschenwürde folgenden und ihren Schutz gewährleistenden Grundrechte muß der verurteilte Straftäter die Chance erhalten, sich nach Verbüßung der Strafe wieder in die Gemeinschaft einzuordnen. Vom Täter aus gesehen erwächst dieses Interesse an der Resozialisierung aus seinem Grundrecht aus Art. 2 Abs. 1 in Verbindung mit Art. 1 GG. Von der Gemeinschaft aus betrachtet verlangt das Sozialstaatsprinzip staatliche Vor- und Fürsorge für Gruppen der Gesellschaft, die aufgrund persönlicher Schwäche oder Schuld, Unfähigkeit oder gesellschaftlicher Benachteiligung in ihrer persönlichen und sozialen Entfaltung behindet sind; dazu gehören auch die Gefangenen und Entlassenen."[201]

---

199 Hoffmeyer, C., Grundrechte im Strafvollzug. Verfassungsrecht als kriminalpolitischer Beitrag zur Reform des Strafvollzuges, Karlsruhe 1979, S. 38 ff; vgl. BVerfGE 35, S. 79, 114.

200 Calliess/Müller-Dietz, StVollzG-Kommentar, Rdn. 28 ff; Hoffmeyer, C., Grundrechte im Strafvollzug. Verfassungsrecht als kriminalpolitischer Beitrag zur Reform des Strafvollzuges, Karlsruhe 1979, S. 259 ff

201 BVerfGE 35, S. 202, 236 f; vgl. dazu Benda, E., Resozialisierung als Verfassungsauftrag, in: FS für Hans Joachim Faller, München 1984, S. 307-324; sowie Müller-Emmert, A., Resozialisierung als Verfassungsauftrag, in: DRiZ 1976, S. 65 ff.

Die Resozialisierung des Straftäters fügt sich demnach als ein Mittel in das Zielsystem der Verhinderung künftiger Straftaten.[202] Insofern ist dieser Gedanke auch mit dem Prinzip der Prävention und deren Begründung in utilitaristischen Erwägungen vereinbar. Darüber hinaus steht Resozialisierung als Strafzweck zum einen zwar konträr zu allen vergeltungstheoretischen Gedankengängen, insofern hier der Gedanke der aus der Tat selbst genommenen Strafe zugunsten eines prinzipiell konsequentialistischen Gedankens aufgegeben ist. Steht dieser Strafzweck jedoch nur nachrangig nach dem retributivistischen Fundamentalzweck, so könnte er durchaus mit vergeltungstheoretischen Strafrechtsbegründungen verbunden werden; er würde ihnen jedenfalls nicht widersprechen, solange er nicht als einziger und zentraler Zweck der Strafe angesehen wird. Ungeachtet dieser Möglichkeit steht der Gedanke der Resozialisierung aber der utilitaristischen Straftheorie ungleich näher als der vergeltungstheoretischen Vorstellungswelt.

Dennoch zeigt sich im Gedanken der Resozialisierung als Strafzweck auch ein neues Element, das sich von der Prävention auf der Begründung utilitaristischer Gedankengänge unterscheidet. Dies ist dann der Fall, wenn Resozialisierung so aufgefaßt wird, daß darin kein rein funktionalistisches Zweck-Mittel-Denken zum Ausdruck kommt, sondern auch eine neue Auffassung des Straftäters selbst, die wiederum eine veränderte Sicht auf das Verbrechen impliziert. Hier kann etwa auf § 46 abs. 1 S. 2 StGB hingewiesen werden, wo der Richter verpflichtet wird, die Wirkungen, die von der Strafe für das künftige Leben des Täters in der Gesellschaft zu erwarten sind, zu berücksichtigen.[203] Diese individualpräventive Strafbegründung wird im Gedanken der Resozialisierung jedoch noch überboten, indem hier die gesellschaftliche Persönlichkeit des Täters in einer weitgreifenden Perspektive in Anspruch genommen und zu verändern versucht wird.

Mit dem Gedanken der Resozialisierung jenseits eines Mittel-Zweck-Zusammenhangs wird die soziale bzw. sozial relevante Persönlichkeit des Täters als

---

202 Allerdings verlangt die Notwendigkeit einer generellen Durchsetzungschance für die geltenden Normen, daß die Spezialprävention nicht alleiniges Ziel der staatlichen Kriminalstrafe ist. Darauf weist Kindhäuser hin: „Solange es für jeden vorteilhaft ist, die Norm zu brechen, kann die Vermeidung des Normbruchs kein täterspezifisches Edukationsziel sein. Spezialpräventive Maßnahmen können lediglich als unselbständige Teile eines anderweitig zu bestimmenden Strafkonzepts begriffen werden und kommen sinnvollerweise überhaupt erst dann in Betracht, wenn die Geltung der vom Täter gebrochenen Norm bereits stabil ist.“ (U. Kindhäuser, Personalität, Schuld und Vergeltung, in: Goltdammers Archiv für Strafrecht 136/1989, 493-507, S. 497)

203 Vgl. Müller-Dietz, H., Strafvollzugsrecht, S. 63 ff.

eine eigene Größe in das Verhältnis zwischen Tat und Strafe einbezogen.[204] Damit wird der utilitaristische Kalkül insofern und bis zu einem gewissen Grad unterbrochen, als hier nicht mehr die Nutzenstiftung durch Strafe in Hinblick auf die Verhinderung künftigen Leidens durch Straftaten im alleinigen Zentrum des Interesses steht, sondern die Persönlichkeit des Täters als zusätzliche Größe berücksichtigt werden muß.[205] Damit wird die Entscheidungsfreiheit des Täters in der Gesellschaft als eigener Faktor in das Kalkül eingestellt, und es kann argumentiert werden, daß das utilitaristische Kalkül damit zumindest in Frage gestellt wird. Mit der Freiheit und Verantwortlichkeit des Straftäters, auf die durch Resozialisierung eingewirkt werden soll, wird im Grunde gerade der Kalkül-Status des utilitaristischen Gedankens fraglich. Als Kalkül hängt die Theorie davon ab, daß im Prinzip quantifizierbare Größen in die Rechnung eingestellt werden. Es wurde bereits darauf hingewiesen, daß darin eine der Grundschwierigkeiten der utilitaristischen Begründung liegt.

Nun wird der Kalkül jedoch insofern unterbrochen, als das Strafrecht sich als neuen Zweck die Freiheit und Verantwortlichkeit des Straftäters setzt. Der utilitaristische Kalkül dagegen kann ja so aufgefaßt werden, daß die Freiheit des Täters gerade keine Rolle spielen soll, wenn er dazu motiviert werden soll, aufgrund eines drohenden Übels, das unter Berücksichtigung des Faktors der Verurteilungswahrscheinlichkeit größer als der zu erreichende Gewinn durch die Straftat, von der letzteren abzulassen. Der Resozialisierungsgedanke dagegen stellt in den Mittelpunkt die Vorstellung, der Täter solle nicht aufgrund eines solchen Nutzenkalküls auf künftige Verbrechen verzichten, sondern weil er durch Erziehungsmaßnahmen dadurch gebracht wurde, das Verbrecherische seines geplanten Tuns einzusehen, so daß er durch Einsicht in seine gesellschaftliche Verantwortung und seine moralische Pflicht auf künftige Verbrechen verzichtet. Man könnte also auch sagen, der Verbrecher solle nach dem der Resozialisierung zugrundeliegenden Gedankengang gerade dazu gebracht werden, auf jenes Kalkül zu verzichten, das dem utilitaristischen Gedanken zugrundeliegt.

Im Zentrum des Resozialisierungsgedankens steht also die Vorstellung, der Verbrecher solle nicht aufgrund der Erwartung eines künftigen Übels, also ihm aufgrund strafrechtlicher Vorschriften zugefügter Leiden (in Benthams sensualistischer Ausdrucksweise: »pain«), auf eine künftige kriminelle Handlung verzichten, sondern aufgrund der Freiheit und Verantwortlichkeit, die ihn nicht mehr zu einem Paradigma des utilitaristischen Theorems machen, sondern zu einem

204 Vgl. Roxins sog. präventive Vereinigungstheorie (Roxin, Strafrecht, AT Bd. I, Grundlagen, Der Aufbau der Verbrechenslehre, § 3 Rdn. 35 ff.).

205 Zur Problematik bereits Haffke, B., Gibt es ein verfassungsrechtliches Besserungsverbot?, in: MschrKrim 1975, S. 246-261.

freien und verantwortlichen Staatsbürger, der gerade nicht im Zusammenhang des Kalküls handelt, das der Utilitarismus in seiner Strafrechtsbegründung in den Mittelpunkt seiner Überlegungen stellt. Man könnte das BVerfG so verstehen, wenn es bereits in einer frühen Entscheidung ausführte: Resozialisierung soll „dem Gefangenen Fähigkeit und Willen zu verantwortlicher Lebensführung [zu] vermitteln; er soll es lernen, sich unter den Bedingungen einer freien Gesellschaft ohne Rechtsbruch zu behaupten, ihre Chancen wahrzunehmen und ihre Risiken zu bestehen.“[206]

Wenn der Straftäter durch Resozialisierungsmaßnahmen in die Lage versetzt werden soll, soziale Reifungsdefizite auszugleichen und Motive zu normtreuen Verhalten zu entwickeln, so ist also nicht nur das Schuldvergeltungsprinzip verlassen, sondern bis zu einem gewissen Grad auch das Präventionsprinzip in seiner utilitaristischen Begründung. Zwar gilt weiterhin, daß die Strafe und ihre Begleiterscheinung im Resozialisierungsgedanken des Strafvollzugs verhängt wird, damit nicht mehr verbrochen werde und damit so das durch Verbrechen verursachte Leiden verringert wird. Insofern handelt es sich um eine funktionalistische und konsequentialistische Konzeption. Andererseits stellt die Resozialisierung doch auf Fähigkeit des Straftäters zur Verantwortung und Freiheit in der Gesellschaft ab und ist insofern nicht mehr am Lust-/Unlust-Kalkül der utilaristischen Strafrechtsbegründung orientiert.

Der Resozialisierungsgedanke führt auf diese Weise in das Strafrecht und in seine Rechtfertigungstheorie ein neues Element ein, das er allerdings nicht konsequent und rein durchführt, insofern eben auch ein gutes Stück rational besser geplantes utilitaristisches Denken beteiligt ist. Eine konsequentere und deutlichere Durchführung solcher Gedanken zeigt sich deshalb erst, wenn andere Gedankengänge herangezogen werden, die gegenwärtig in der Strafrechtstheorie die Grundsätze des Vergeltungs- oder des Präventionsprinzips durchbrechen oder zumindest doch in Frage stellen.

Festzuhalten ist jedoch zunächst, daß vermutet werden könnte, der Strafzweck Resozialisierung enthalte in sich eine gewisse Spannung – um nicht zu sagen einen gewissen Widerspruch. Strafe könnte ja in erster Linie definiert werden als Zufügung von Leiden oder zumindest Unlust als Vergeltung für erzeugtes oder zur Verhinderung zukünftig zu erzeugenden Unheils bzw. Leiden. Unabhängig von einer retributivistischen oder präventionistischen Straftheorie ist genau diese Leidenszufügung ein Definiens von Strafe. Es kann jedoch sinnvoll gefragt werden, ob Resozialisierung im Sinne der Wiederherstellung der Sozialität, der Verantwortlichkeit und der eigenverantwortlichen Lebensgestaltung eines Menschen überhaupt als Strafe aufgefaßt werden kann. Wenn der Mensch seinem Wesen

206 BVerfGE 35, S. 202 ff, 235

nach ein soziales Wesen ist, so kann die Wiederherstellung seiner Sozialfähigkeit nach einer durch die Begehung eines Verbrechens demonstrierten vorübergehenden Defizienz in dieser Lebensdimension auch als Rückkehr zu einem Leben verstanden werden, das dem menschlichen Wesen besser entspricht als die Asozialität, die der Verbrecher durch die Verletzung der Normen einer staatlich verfaßten Gesellschaft gezeigt hat. Das gleiche gilt in verstärktem Maße für die Restitution seiner Verantwortungs- und Freiheitsfähigkeit.

Beide Attribute werden üblicherweise dem Wesen zugeschrieben, das den Begriff der Personalität in ihrer sozialen Dimension erfüllt. Wird dem Rechtsbrecher ermöglicht, »zur Strafe« an der Wiederherstellung seiner Sozialfähigkeit und seiner Personalität zu arbeiten, so kann darin bis zu einem gewissen Grade nur schwer eine Strafe gesehen werden. Man könnte – zugespitzt formuliert – sogar im Gegenteil von einer Belohnung für seine Tat sprechen. Dies macht umso mehr Sinn, als Erwachsene jenseits des Niveaus von schweren psychischen oder geistigen Störungen im Regelfall von den sozialen Einrichtungen keine größeren Unterstützungen für die Herstellung oder Wiederherstellung ihrer Sozial- und Personalitätsfähigkeiten zu erwarten haben. Es ist jedoch gewiß zu berücksichtigen, daß es sich in der Tat um eine Pointierung handelt; außer im Jugendstrafrecht, in dem der Erziehungsgedanke traditionell im Vordergrund steht, wird Resozialisierung in der Regel als Begleitung und Ergänzung einer als Sanktion zu verstehenden Strafe aufgefaßt.

Dennoch zeigt sich im Resozialisierungsgedanken damit auch ein Gedanke, der ihn nicht nur in die Nähe zur Präventionstheorie in der Strafrechtsbegründung setzt, sondern auch in eine gewisse Nähe zur Konzeption eines Vergeltungsstrafrechts. Zwar soll mit Resozialisierungsmaßnahmen nicht eine Retribution ausgeübt werden, mit der Leiden zugefügt wird als Sühne für eine widerrrechtliche vorangegangene Zufügung von Leiden. Aber es gibt ein Element in der Retributionstheorie, mit dem eine gewisse Nähe zum Resozialisierungsgedanken hergestellt werden kann. Dies betrifft die Auffassung, zwischen Vergeltung und Strafe müsse eine innere Verbindung bestehen, so daß die Verletzung der Rechtsordnung und genereller die Verletzung von Rechten anderer Menschen auf Freiheit in ihren verschiedenen Dimensionen durch die Sanktion insofern aufgehoben werden kann, als die Tat zu dem Täter »zurückkommt« – ein Motiv, das sich insbesondere in Hegels Strafrechtsphilosophie findet.

Dieses Element der Retributionstheorie kann auch so aufgefaßt werden, daß durch die Sanktion die Tat im größeren Zusammenhang der staatlichen und rechtlichen Verfassung der Gesellschaft »rückgängig« gemacht wird, obwohl die Tat dem Opfer in seiner Individualität unwiderruflich zugefügt worden ist. Was rückgängig gemacht werden soll, ist also die Verletzung der Rechtsordnung, und den Einzelnen betrifft dies insofern, als er in retributionistischen Straftheorien tendenziell in seiner gesellschaftlichen und spezieller in seiner staatlichen Dimension aufgefaßt wird. Der einzelne Mensch wird also nicht als isoliertes Wesen aufgefaßt, dem als Individuum durch die kriminelle Handlung ein Leiden zugefügt wird, das ihn nur als Individuum betrifft. Der in seinem Recht durch die Zufügung eines widerrechtlichen Leidens verletzte Mensch wird vielmehr in seiner gesellschaftlichen Dimension gesehen.

Eine solche Auffassung findet darin ihre Berechtigung, als die Definition nicht nur von Verbrechen, sondern auch von Leiden durch das Verbrechen eine gesellschaftliche Dimension besitzt. Dies läßt sich durch einige Beispiele plausibilisieren. Die Angehörigen, denen ein nahestehender Mensch durch Mord oder Totschlag entrissen wird, leiden unter Umständen mehr und anders als wenn der gleiche Mensch durch den als naturgesetzlich aufgefaßten Lauf der Dinge – wie z.B. in der Folge einer Krankheit oder eines nicht schuldhaft zustandegekommenen Unfalls – ums Leben gekommen ist. Der pekuniäre Verlust durch einen Diebstahl wird unter Umständen stärker als Leiden und Beeinträchtigung aufgefaßt, als der quantitativ gleiche Verlust durch Verlieren oder unabsichtliche Zerstörung von Wertgegenständen. Letztlich zeigt sich darin der gesellschaftliche Zusammenhang von Lust- und Unlustzuständen und deren Abhängigkeit von der Zuschreibung an Ursachen.

Wird die Zufügung von Leiden der Natur und ihrer Gesetzlichkeit zugeschrieben, so besitzt der gleiche Verlust eine andere Qualität, als wenn sie von anderen Menschen gegen das gute Recht des Einzelnen begangen wird. Darin kommt nichts anderes zum Ausdruck als die gesellschaftliche Natur des Menschen. Darüber hinaus kann der staatlichen Existenz des Menschen hier noch eine weitere Bedeutung zugeschrieben werden. Wenn der Staat als die Einrichtung aufgefaßt wird, die dem Menschen garantiert, daß seine Freiheit ihre Grenze nur an der Freiheit anderer Menschen finden muß, so stellt die Zufügung von Leiden durch eine Verletzung des Rechts auch eine Verletzung der staatlichen – und nicht nur gesellschaftlichen – Natur des Menschen dar. Durch die kriminelle Tat ist das Opfer also nicht nur in seiner naturgegebenen Dimension verletzt worden, sondern auch in seiner gesellschaftlichen und staatlichen Dimension. Es hat Leiden erlitten durch eine Beschädigung seiner gesellschaftlichen Natur, und es hat gelitten, weil ihm durch die Tat zumindest vorübergehend der im Staate gesicherte Schutz seiner Freiheit genommen worden ist.

Es ist eben diese Verletzung der gesellschaftlichen und staatlichen Natur des Menschen über die Zufügung von Leiden in der Dimension der Natur hinaus, die die retributionistische Position für die Begründung ihrer Verteidigung der Vergeltungsstrafe anführen kann. Darauf soll an dieser Stelle jedoch nicht näher eingegangen werden. Wichtiger im jetzt diskutierten Zusammenhang ist die gewisse dialektische Nähe, die unter diesem Aspekt zwischen der Retribution und der

Konzeption der Resozialisierung besteht. Diese wird dann deutlich, wenn der erwähnte Belohnungsaspekt der Resozialisierung nach einer bestimmten Seite herangezogen wird. Durch die Resozialisierung soll der Straftäter wieder in den Status der Verantwortlichkeit und der rechtlichen Freiheit in seiner Lebensführung versetzt werden. Man könnte also auch sagen: er soll den Zustand wieder erreichen, den er in Bezug auf das Opfer seiner Tat verletzt hat. Die Verletzung hat ja eine Doppelstruktur: durch die Tat hat der Straftäter demonstriert, daß er nicht bereit oder nicht fähig ist, seine gesellschaftliche und staatliche Natur angemessen zu realisieren, indem er verantwortlich im Sinne des staatlichen Rechts handelt. In dem gleichen Akt hat er andere Menschen behandelt, als ob sie keine gesellschaftlichen und von seiten des Staates mit Rechten ausgestatteten Wesen wären, sondern Wesen im Naturzustand, in dem von Rechten oder gesellschaftlichen Verpflichtungen und Verantwortlichkeiten noch keine Rede sein kann.

Unter dem Aspekt des Retributionismus, unter dem die Aufgabe der staatlichen Strafe darin besteht, jenes durch die Straftat verursachte Leiden rückgängig zu machen bzw. zu kompensieren, das durch die Verletzung des gesellschaftlichen und staatlichen Wesens des Opfers entstanden ist, kann das Prinzip der Resozialisierung nun im Sinne der Leistung eine Entsprechung für das in dieser Dimension begangene Unrecht aufgefaßt werden. Der Täter soll die Verletzung der gesellschaftlichen und staatlichen Natur des Opfers wiedergutmachen, indem er sich selbst wieder in den gesellschaftlichen und staatlichen Zusammenhang zurückstellt, den er durch seine Tat für sich und für das Opfer zerrissen hat. Er soll nach diesem Aspekt nicht die Tat heilen, insofern sie die natürlichen Bedürfnisse des Opfers verletzt hat, die in gleicher Intensität auch durch Naturereignisse Schaden erleiden hätten können. Er soll vielmehr die Tat heilen, insofern sie die gesellschaftlichen und staatlichen Bedürfnisse des Opfers beschädigt hat. Dies tut er, indem er genau dies rückgängig macht, was er in der Tat demonstriert hat, nämlich sein Ausscheiden aus dem gesellschaftlichen und staatlichen Lebenszusammenhang, aufgefaßt als ein rechtlicher Zusammenhang.

Insofern kann gesagt werden, mit der Auffassung der Resozialisierung als Strafzweck ist nicht nur ein Element von Prävention realisiert, sondern auch ein Element von Retribution. Dies gilt jedenfalls dann, wenn der Retributionismus nicht im vulgären Sinn als Befriedigung atavistischer Rachebedürfnisse aufgefaßt wird, sondern in seiner philosophischen Ausarbeitung als eine Kompensation der Verletzung höherer Bedürfnisse des Menschen, die aus seinem gesellschaftlichen und staatlichen Wesen resultieren. Demnach zeigt sich der Resozialisierungsgedanke durchaus ambivalent. Er zeigt bei näherer Betrachtung Elemente der Prävention und zugleich des Retributionismus. Unter Umständen könnte er sogar als eine partielle Synthese einiger Elemente beider Theorien aufgefaßt werden, jedenfalls dann, wenn diese Theorien in solchen Fassungen zugrundegelegt werden, die sie über den einfachen Lust-/Unlust-Kalkül des Utilitarismus einerseits und über den bloßen Rachegedanken der Vergeltungstheorie entwickelt haben.

Wenn dem Strafrecht jedoch im präventiven Sinne eine nicht im engeren Sinne abschreckende, sondern auch erzieherische Wirkung zugeschrieben wird, so können die Grenzen des Utilitarismus bereits als überschritten gelten. Im Falle der Spezialprävention geht der Mechanismus der Prävention dann über in denjenigen der Resozialisierung, der allerdings immer noch in den utilitaristischen Gedanken gehört. Anders könnte jedoch im Falle der Generalprävention argumentiert werden, wenn »Erziehung« hier nicht im Sinne von Dressur verstanden wird, sondern als »Bildung« aufgefaßt wird. Eine Begründung des Strafrechts, derzufolge es über die Bildung des Rechtsbewußtseins präventiv wirkt, bewegt sich im Grenzbereich des utilitaristischen Gedankens. Es wird zwar der Gesamtnutzen vermehrt, wenn durch die Stärkung des Rechtsgehorsams Straftaten vermieden werden. Dies folgt aber dann nicht mehr dem reinen Abschreckungsgedanken, wenn Straftaten durch die Einsicht in die Notwendigkeit der Rechtsordnung unterlassen werden.

In diesem Fall ist der Wirkungsmechanismus des Strafrechts ein anderer als bei Abschreckung durch Generalprävention. Mit dem Strafrecht stabilisiert sich das Recht selbst und eine Gesellschaft führt sich darin die gemeinschaftlich gesetzten Werte vor Augen, man könnte auch sagen: sie versichert sich darin der Werte, die ihr staatliches Zusammenleben leiten. Dann aber kommt das Strafrecht nicht als fremde Gewalt über die Bürger, die dadurch von Straftaten abgehalten werden, um den Gesamtnutzen der Gesellschaft zu mehren. Im demokratischen Rechtsstaat kann das Strafrecht vielmehr als das Produkt gesehen werden, in dem sich der demokratisch legitimierte politische Gestaltungswille manifestiert. Den Bürgern kommt darin also das entgegen, was sie politisch gewollt haben. Darin ist das utilitaristische Denken aber insofern überschritten, als das Strafrecht dann als eine Form der Bestimmung dessen verstanden werden muß, was die Staatsbürger demokratisch als den gemeinsam anzustrebenden Nutzen ansehen wollen.

Die »Erziehung« durch Generalprävention hat also auch den Aspekt einer Bestätigung dessen, was im demokratischen Verfahren gemeinsam als das Nützliche bestimmt wurde. Deshalb unterscheidet sich die Bildungsfunktion des Strafrechts auch von der Konzeption einer soziologisch verstandenen Integrationsprävention. Damit ist die Funktion des Strafrechts gemeint, sozial-ethisch erwünschte Verhaltensweisen zu stabilisieren, die der sozialen Integration dienen. Das Strafrecht erscheint somit als eine weitere gesellschaftliche Sozialisationsinstanz.[207] Von die-

207 Vgl. H.-J. Otto, Generalprävention und externe Verhaltenskontrolle, Freiburg 1982, S. 28, S. 48 ff; H. Müller-Dietz, Grundfragen des strafrechtlichen Sanktionensystems, Heidelberg 1979, S. 40 f. Nach der Auffassung des Bundesverfassungsge-

ser soziologischen Bedeutung ist das Gemeinte dadurch unterschieden, daß mit dem Strafrecht nicht nur eine bestimmte Wirkung erzielt wird, sondern das Strafrecht selbst ein Glied in einem rekursiven Wirkungszusammenhang darstellt, in dem die demokratische Gesellschaft im Rechtsstaat das manifestiert, als was sie sich verstehen will, und diese Manifestation wiederum zurückwirkt auf das Selbstverständnis der demokratischen Gesellschaft.

Von der Prävention abgesehen kann eine utilitaristische Strafrechtsbegründung jedoch noch zwei weitere Argumente umfassen. Zunächst kann die Entschädigung des Opfers als eine strafrechtliche Aufgabe angesehen werden, wie dies im angelsächsischen Rechtssystem vielfach der Fall ist. Hier wird die strafrechtliche Überkompensation des durch die Tat verursachten Schadens als nutzbringend im utilitaristischen Sinn angesehen, indem damit nicht nur der Schaden ausgeglichen wird, sondern der Gesamtnutzen erhöht wird.[208]

Schließlich kann im utilitaristischen Sinn auch noch die Befriedigung der Rachebedürfnisse der Opfer von Verbrechen – oder auch nicht unmittelbar Betroffener – zur Legitimation des Strafrechts herangezogen werden.[209] Im Unterschied zu einem Vergeltungsstrafrecht besteht der Sinn des Strafrechts diesem Gedanken zufolge allerdings nicht in der »Rache« selbst, sondern in einer Erhöhung des Gesamtnutzens einer Gesellschaft durch die Befriedigung eines Bedürfnisses nach Rache.[210] Es geht also hier um einen Kalkül, der die staatliche Strafe dann als gerechtfertigt ansieht, wenn die Subtraktion »Nutzen durch Befriedigung von Rachebedürfnissen« abzüglich »Schaden durch die Zufügung eines Übels« ein positives Ergebnis in Nutzenbegriffen erbringt. Auch hier wird also nicht die Handlung selbst und als solche für die Rechtfertigung des Strafrechts herangezogen, sondern ihre Folgen für den Gesamtnutzen der Gesellschaft.

---

richts wird mit dem positiven Aspekt der Generalprävention die „Erhaltung und Stärkung des Vertrauens in die Bestands- und Durchsetzungskraft der Rechtsordnung“ umschrieben (BVerfGE 45, 187, 256).

208 Vgl. dazu R.W. Burgh, Reparation and the Criminal Law, in: Archiv für Rechts- und Sozialphilosophie, Beiheft 24/1985, S. 221 ff.

209 Vgl. zu Bentham die Ausführungen bei N. Hoerster, Präventionstheorien der Strafe in der britischen Aufklärungsphilosophie, in: Zeitschrift für die gesamte Strafrechtswissenschaft 85/1973, S. 220 ff.

210 Hinzuweisen ist in diesem Zusammenhang allerdings auch auf die Auffassung, derzufolge der Sinn des Strafrechts gerade in der Verhinderung des Schadens besteht, den die außergesetzliche Rache bewirken würde. Strafe ist dann zu rechtfertigen, wenn sie den geringstmöglichen Eingriff darstellt, der die psychischen Motive des Rachebedürfnisses ungefährlich macht und so den gesellschaftlichen Frieden bewahrt. Vgl. dazu L.H. Perkins, Suggestion for a Justification of Punishment, in: Ethics 1970, S. 55 ff; aber auch N. Lacey, Punishment, Justice and Consequentialism, in: Archiv für Rechts- und Sozialphilosophie, Beiheft 19/1984, S. 21 ff.

Dieser Überlegung soll an dieser Stelle jedoch noch nicht weiter nachgegangen werden. Stattdessen sollen einige neuere Konzeptionen in der Strafrechtstheorie untersucht werden, die mit dem Resozialisierungsgedanken gemeinsam haben, daß sie weder ganz in die einfache Präventions-, noch in die einfache Retributionstheorie passen, jedoch andererseits zumindest einen großen Anteil an präventionistischen Elementen beinhalten. Allerdings scheint nun der Anteil retributionistischer Elemente zuzunehmen, jedenfalls wenn der Retributionismus in der in den vorangegangenen Absätzen skizzierten höher entwickelten Form zugrunde gelegt wird.

6.2 Wiedergutmachung und Täter-Opfer-Ausgleich

Wenn im folgenden die Prinzipien der »Wiedergutmachung« und speziell des sogenannten »Täter-Opfer-Ausgleichs« in ihrer strafrechtstheoretischen Bedeutung untersucht werden, so ist vorweg darauf hinzuweisen, daß es sich dabei weniger noch als im Falle der Resozialisierung um Strafbestandteile bzw. strafbegleitende Regelungen handelt, sondern daß damit der Weg hin zu einer Reetablierung gesellschaftlicher Konfliktlösungsformen an der Stelle staatlich Sanktionsverfahren weiter beschritten ist. Allerdings sind an dieser Begrifflichkeit auch Zweifel angebracht. Um rein gesellschaftliche Konfliktlösungen handelt es sich ja gerade nicht, wenn im Zusammenhang des Strafrechts Wiedergutmachung bzw. Täter-Opfer-Ausgleichsverfahren implementiert werden. In beiden Fällen steht das Strafrecht mit seinen Sanktionsverfahren zumindest für das Scheitern jener Verfahren bereit;[211] und darüber hinaus finden beide Verfahren außer in Randbereichen im Zusammenhang und in Begleitung mit Strafverfahren statt.[212]

Rechtliche Regelungen zur Wiedergutmachung von Schäden sind allerdings keine neue Erscheinung im Strafrecht.[213] Etwa wird im Jugendstrafrecht die Wiedergutmachung des Schadens als Auflage in § 15 I Nr. 1 JGG ausdrücklich erwähnt. Im allgemeinen Strafrecht ist der Begriff als Auflage bei der Strafausset-

---

211 Sessar, Klaus, Wiedergutmachung vor, im oder statt dem Strafrecht, in: Hammerschick, Walter, Hrsg., Ausweg aus dem Strafrecht – der »außergerichtliche Tatausgleich, Baden-Baden 1994, 31-46

212 Vgl. zum folgenden grundsätzlich Bannenberg, Britta/Uhlmann, Petra, Die Konzeption des Täter-Opfer-Ausgleichs in Wissenschaft und Kriminalpolitik, in: Täter-Opfer-Ausgleich in Deutschland. Bestandsaufnahme und Perspektiven, hrsg. vom Bundesministerium der Justiz, Mönchengladbach 1998, 1-47.

213 Vgl. zum folgenden als Überblick Rössner, Dieter/Klaus, Thomas, Rechtsgrundlagen und Rechtspraxis, in: Täter-Opfer-Ausgleich in Deutschland. Bestandsaufnahme und Perspektiven, hrsg. vom Bundesministerium der Justiz, Mönchengladbach 1998, 49-119.

zung zur Bewährung in § 56 b II Nr. 1 StGB und als Zumessungsvorschrift in § 46 II 2 StGB zu finden. In der StPO schließlich ist die Verfahrenseinstellung unter der Auflage der Wiedergutmachung des Schadens in § 153 a I Nr. 1 StPO ausdrücklich aufgeführt. Die Vorschriften der §§ 45, 47 JGG gaben schon seit längerer Zeit den größten Spielraum für die Erprobung von Modellen eines Täter-Opfer-Ausgleichs in verschiedenen Verfahrensstadien. Nach Inkrafttreten des ersten Gesetzes zur Änderung des Jugendgerichtsgesetzes (1. JGGÄndG) am 1. Dezember 1990 wurde der Wiedergutmachung breiterer Raum eingeräumt. Das „Bemühen, einen Ausgleich mit dem Verletzten zu erreichen“, wird seitdem ausdrücklich als besonderer Grund für das Absehen von der Strafverfolgung in § 45 II 2 JGG hervorgehoben.[214]

Interessant ist in diesem Zusammenhang besonders die Begründung der Gesetzesänderung durch den Gesetzgeber. Danach soll der Täter-Opfer-Ausgleich weit über die Regulierung des Schadens hinausreichen und vor allem die Chance bieten, beim Opfer seelische Belastungen abzubauen und sein Vertrauen in die Rechtsordnung wiederherzustellen. Darüber hinaus habe der Täter-Opfer-Ausgleich auch eine erzieherische Wirkung auf den Täter, weil dieser mit den Konsequenzen seines Tuns konfrontiert werde und Verantwortung zeigen könne. Dieser Weg sei im Vergleich zu Zwang und Repression besser geeignet, den Rechtsfrieden wiederherzustellen und einem Rückfall wirksam vorzubeugen.[215] Der Staatsanwalt kann nunmehr in zwei Fällen ohne Beteiligung des Jugendrichters von einer Verfolgung absehen. Zum einen bei Vorliegen der Voraussetzungen des § 153 StPO (§ 45 I JGG), zum anderen wenn eine erzieherische Maßnahme eingeleitet oder schon durchgeführt worden ist (§ 45 II JGG), wobei einer erzieherischen Maßnahme ausdrücklich das Bemühen des Jugendlichen um einen Ausgleich mit dem Verletzten gleichgestellt ist.[216]

Nach § 45 III JGG kann der Staatsanwalt nunmehr eine richterliche Maßnahme wie eine Weisung nach § 10 I 3 Nr. 7 JGG – also den Täter-Opfer-Ausgleich – beim Jugendrichter anregen, wenn er dies für erforderlich hält, ohne daß ihm eine Anklageerhebung notwendig erscheint. Wenn der Jugendrichter dieser Anregung nachkommt, so kann der Staatsanwalt von einer Verfolgung absehen. Nach Anklageerhebung kann der Richter nach § 47 JGG das Verfahren unter den Voraussetzungen des § 45 JGG einstellen. Für Einstellungen nach § 47 I 1 Nr. 2

---

214 Vgl. Matt, Eduard, Täter-Opfer-Ausgleich und »reintegration ceremony«. Auf der Suche nach einer angemessenen Reaktion auf Jugenddeliquenz, in: Monatsschrift für Kriminologie und Strafrechtsreform 1997, 255-267.

215 Bundestagsdrucksache 11/5829, 17

216 Kerner, Hans-Jürgen, u.a., Täter-Opfer-Ausgleich im Jugendstrafrecht, in: BewHi 1990, S. 169-176; Schaffstein, Friedrich/Beulke, Werner, Jugendstrafrecht, Stuttgart u.a., S. 97

u. 3 JGG ist die Zustimmung des Staatsanwalts erforderlich. Interessant ist in diesem Zusammenhang, daß allein die freiwillige Vornahme einer Entschuldigung beim Verletzten Bedeutung erlangen und damit bei der Einstellung des Verfahrens nach § 45 JGG berücksichtigt werden kann.[217]

Im JGG ist nunmehr auch in die Weisungsmöglichkeiten in § 10 I 3 Nr. 7 der Täter-Opfer-Ausgleich unter dem Titel „das Bemühen, einen Ausgleich mit dem Verletzten zu erreichen" als ausdrückliche gesetzliche Regelung aufgenommen. Deshalb besteht nun die Möglichkeit, einen Täter-Opfer-Ausgleich als eine Weisung im Sinne der Erziehungsmaßregeln von §§ 9 ff JGG anzuordnen. Damit soll die Straftat des Jugendlichen nicht geahndet werden, sondern es sollen grundsätzlich solche Erziehungsmängel durch erzieherische Einwirkung beseitigt werden, die durch die Straftat offenbar geworden sind. Zusammen mit dem § 15 JGG gibt es also die gesetzliche Möglichkeit, einen Täter-Opfer-Ausgleich im Urteil sowohl als Auflage i.S.v. § 15 I Nr. 1 oder 2 JGG wie auch als Weisung i.S.v. § 10 I 3 Nr. 7 JGG anzuordnen. Außerdem gibt es die Möglichkeit der Berücksichtigung oder Anordnung eines Täter-Opfer-Ausgleichs im Rahmen der §§ 45, 47 JGG.

Eine eigenständige Sanktionsform der Wiedergutmachung existiert im StGB nicht. Nichtsdestoweniger sah das StGB schon seit langem vor, das Verhalten des Täters nach der Tat sei bei der Strafzumessung zu berücksichtigen, und hier „besonders sein Bemühen, den Schaden wiedergutzumachen" (§ 46 II StGB). Das am 1.4.1987 in Kraft getretene Opferschutzgesetz erwähnte als besonders strafzumessungsrelevante Tatsache eigens „das Bemühen, einen Ausgleich mit dem Verletzten zu erreichen" (§ 46 II 2 StGB). Dabei geht es nicht nur um die Wiedergutmachung des materiellen Schadens, sondern es soll auch der Versuch, dem Verletzten auf andere Weise Genugtuung zu leisten, strafmildernd berücksichtigt werden.[218] Dies berücksichtigt viktimologische Erkenntnisse, „daß immaterielle Leistungen, z.B. die als ehrlich akzeptierte Erklärung des Bedauerns gegenüber dem Verletzten, das Sich-Einlassen auf ein Schlichtungsgespräch, unter Umständen auch »symbolische Wiedergutmachung« durch Dienstleistungen gegenüber dem Verletzten oder der Allgemeinheit, dieselben positiven Wirkungen haben können wie Schadensersatzleistungen in Geld."[219] Eine Auswirkung auf die Strafzumessung kann eine Wiedergutmachung also haben, weil „das allgemeine Rechtsbewußtsein sich angesichts des Täterverhaltens beruhigt und den Konflikt zwischen Täter und Opfer als erledigt ansieht."[220] Im allgemeinen Strafrecht bie-

---

217 Ostendorf, Heribert, Jugendgerichtsgesetz, Kommentar, § 15 Rn. 11

218 Bundestagsdrucksache 10/5828, 7; 10/6124, 17; vgl. dazu Dreher, Eduard/Tröndle, Herbert, Strafgesetzbuch und Nebengesetze, München, § 46, Rn. 27.

219 Weigend, Thomas, Anmerkung zu OLG Hamburg, in: JR 1990, S. 29 ff, S. 30

220 SK-Horn § 46 Rn. 143

ten verschiedene Vorschriften Rechtsgrundlagen für die Berücksichtigung von Wiedergutmachung und speziell von Täter-Opfer-Ausgleichsmaßnahmen. Dies betrifft Alternativen zur Strafe, strafreduzierende Maßnahmen und Aspekte der Strafzumessung.

So können Wiedergutmachungsleistungen unter dem Aspekt des „Verhaltens nach der Tat" Gesichtspunkte darstellen, die für die prognostische Strafaussetzung zur Bewährung mitentscheidend sind. Nach § 56 b II Nr. 1 StGB kann bei Aussetzung der Freiheitsstrafe zur Bewährung die Auflage erteilt werden, den angerichteten Schaden nach Kräften wiedergutzumachen. Nach § 56 b III StGB kann bei freiwilligem Anerbieten zu Wiedergutmachungsleistungen das Gericht vorläufig von der Verhängung von Auflagen absehen.

Man könnte darüber hinaus auch den Gedanken heranziehen, daß das Prinzip der Wiedergutmachung bzw. der Bereitschaft dazu einige strafrechtliche Regelungen als ethischer Hintergrund fundiert. So führt der Rücktritt beim strafbaren Versuch zur Straflosigkeit, wenn der potentielle Täter selbst auf die Ausführung seiner Tat verzichtet bzw. deren Vollendung verhindert (§ 24 I 1 StGB). Der freiwillige Rücktritt bildet hier einen persönlichen Strafaufhebungsgrund.[221] Hier wurde die Auffassung vertreten, der Grund der Straflosigkeit des freiwilligen Rücktritts liege darin, daß die gesetzliche Strafandrohung sich erledigt habe, wenn der Täter die Vollendung durch eine ihm zurechenbare Leistung verhindere und damit die ihm obliegende Schuld zur Wiedergutmachung erfülle.[222] Das Prinzip ist also hier, daß an den Täter die Forderung freiwilliger Wiedergutmachung des bereits verwirklichten (Versuchs-)Unrechts gestellt wird.[223] Der ideelle Schaden des Versuchs wird hier also dadurch ungeschehen gemacht, indem der Täter eine autonome Entscheidung zur Abwendung der Tatfolgen trifft: „Die Notwendigkeit, durch die Verhängung einer Strafe die Geltung der Norm zu bekräftigen, den Täter zu bessern oder die Allgemeinheit von der Nachahmung der Tat abzuschrecken, erledigt sich damit."[224]

---

221 Schönke/Schröder/Eser, Strafgesetzbuch Kommentar, § 24, Rn. 4; Jeschek, Lehrbuch des Strafrechts, 494

222 Herzberg, Rolf Dietrich, Grund und Grenzen der Strafbefreiung beim Rücktritt vom Versuch – von der Strafzwecklehre zur Schulderfüllungstheorie, in: Puppe, Ingeborg/Tenckhoff, Jörg, Hrsg., FS für Karl Lackner zum 70. Geburtstag, Berlin u.a. 1987, 325-366

223 Rössner, Dieter, Wiedergutmachen statt Übelvergelten, in: Marks, Erich/Rössner, Dieter, Täter-Opfer-Ausgleich, Bonn 1989, 7-41; Jakobs, Günther, Strafrecht, 741 f

224 Baumann, Jürgen u.a., Alternativentwurf Wiedergutmachung, München 1992, 13; vgl. Rössner, Dieter, Täter-Opfer-Ausgleich und Konfliktverarbeitung – mehr als nur ein Diversionskonzept für Bagatellkriminalität, in: DVJJ, Hrsg., Mehrfach Auffällige – Mehrfach Betroffene, Bonn 1990, 490-504.

Zu nennen sind in diesem Zusammenhang auch noch Vorschriften zur Straffreiheit bei tätiger Reue in Einzelfällen wie §§ 83a, 87 III, 323 V, 330 b, § 158, §§ 149 II, III, 163 II, 310 StGB. Ähnlich kann eine Wiedergutmachung im Falle der Verwarnung mit Strafvorbehalt als Verhalten nach der Tat berücksichtigt werden (§§ 59a II, 56b Nr. StGB). § 153a StPO nennt für die Möglichkeit der Staatsanwaltschaft, das Verfahren unter Auflagen und Weisungen vorläufig einzustellen, als Auflage an erster Stelle die Wiedergutmachung des durch die Tat verursachten Schadens (§ 153a I Nr. 1 StPO). Im Prinzip kann jedoch auch noch das Sühneverfahren nach § 380 StPO genannt werden, wonach die Privatklage bei den in dieser Vorschrift genannten Delikten nur nach einem Sühne- bzw. Schlichtungsversuch möglich ist. Die Privatklage kann dann erst nach einen erfolglosen Schlichtungsversuch betrieben werden. Der Sühneversuch dient auch der Aussöhnung der beteiligten Personen und wirkt dann entkriminalisierend, wenn er zur informellen Konfliktregelung beiträgt.[225]

Im Erwachsenenstrafrecht wurden die Prinzipien der Wiedergutmachung und des Täter-Opfer-Ausgleichs schließlich durch das Verbrechensbekämpfungsgesetz von 1994 unter § 46a in das StGB eingefügt. Hier wird eine fakultative Strafmilderung nach § 49 I StGB vorgesehen, bzw. im Fall, wenn keine höhere Strafe als Freiheitsstrafe bis zu einem Jahr oder entsprechende Tagessätze verwirkt sind, ist sogar ein Absehen von Strafe vorgesehen. § 46a Nr. StGB setzt einen Täter-Opfer-Ausgleich voraus, der sich als zweigliedriger Akt darstellt, nämlich aus einer Verabredungsphase, in der Täter und Opfer rein subjektiv und zu ihrer eigenen Disposition stehend die Art und den Umfang eines Ausgleichs der Tat vereinbaren, und einer Erfüllungsphase, in der der Täter die zuvor vereinbarte Leistung erbringen muß. § 46a StGB erhält keine Beschränkung auf bestimmte Delikte.[226] Die Regelung kann also sowohl für Eigentums- bzw. Vermögensstraftaten als auch bei solchen Delikten angewandt werden, die in schwerer Weise die persönliche Integrität des Opfers verletzt haben. In Bezug auf das Verbrechensbekämpfungsgesetz von 1994 bleibt noch der Satz 2 in § 56 II StGB zu erwähnen, demzufolge bei der Entscheidung über die Strafaussetzung zur Bewäh-

225 Roxin, Strafverfahrensrecht, 412 f; Martin, Claus-Peter, Das Sühneverfahren vor dem Schiedsmann in Strafsachen, Lübeck 1988, 216 ff

226 Vgl. zur Anwendung des Täter-Opfer-Ausgleichs die Ausführungen in: Hassemer, Elke, Praktische Erfahrungen mit dem Täter-Opfer-Ausgleich – Befunde und Konsequenzen, in: Täter-Opfer-Ausgleich in Deutschland. Bestandsaufnahme und Perspektiven, hrsg. vom Bundesministerium der Justiz, Mönchengladbach 1998, 373-432; sowie die Aufsätze in Hassemer, Elke/Marks, Erich/Meyer, Klaus, Hrsg., Zehn Jahre Täter-Opfer-Ausgleich und Konfliktschlichtung, Bonn 1997.

rung bei Freiheitsstrafen bis zu zwei Jahren auch das Bemühen des Verurteilten nach Wiedergutmachung des Schadens zu berücksichtigen ist.[227]

Man könnte in den Konzepten der Wiedergutmachung und des Täter-Opfer-Ausgleichs den Versuch sehen, dem Täter die Möglichkeit zu geben, sich von seiner Tat zu distanzieren.[228] Er wird darin durch die staatliche Reaktion nicht mit der Tat identifiziert oder stigmatisiert, sondern es wird die Tat vom Täter abgerückt.[229] Eine solche Distanzierung kann nur durch die Verantwortungsübernahme durch den Täter geschehen, wie sie sich im Bemühen um Wiedergutmachung manifestiert. Damit werden Wiedergutmachung und Täter-Opfer-Ausgleich allerdings als eine spezielle Vergeltungsform gesehen, insofern darin nicht das Unrecht vergolten wird, sondern der Schaden »vergolten« wird.[230] Es wurde bereits weiter oben versucht, hier einen anderen Gedanken zur Geltung zu bringen, demzufolge sich in solchen Elementen des Strafrechts ein Versuch zeigt, die klassische Entgegensetzung von Vergeltung und Prävention zu überbrücken, indem dem Täter die Möglichkeit gegeben wird, sich durch seine eigene Autonomie wieder in die Rechtlichkeit einzufügen, von der er sich durch seine Tat entfernt hatte.

Insofern geht es hier nicht eigentlich um Vergeltung, wie sie als Folge der Tat von seiten der Rechtsgemeinschaft vorgenommen wird, um das verletzte System des Rechts wiederherzustellen, sondern um die Eröffnung eines Weges, auf dem der Täter sich selbst wieder in das System der Rechtlichkeit einfügen kann. Auch der Präventionsgedanke andererseits ist damit relativiert, obwohl er doch insofern fortlebt, als auf den Täter durch die Drohung des Strafrechts eine Motivation zur

---

227 Vgl. Täter-Opfer-Ausgleich, Kurzfassung des 1997 vorgelegten Gutachtens der Forschungsgruppe Täter-Opfer-Ausgleich für das Bundesministerium der Justiz, hrsg. vom Bundesministerium der Justiz, Mönchengladbach 1998, S. 16ff.

228 Y. Bauer wandte dagegen grundsätzlich ein, daß es sich bei der Reformidee des Täter-Opfer-Ausgleichs im Grunde um einen Ordnungsdiskurs zur Formierung des Subjekts im Sinne seiner Vergesellschaftung handele und deshalb das Konzept der Macht der Gesellschaft im Mittelpunkt stehe. Die Verfasserin arbeitet dabei mit Foucaults Begriffen der Mikro- bzw. der Biomacht und behauptet, auf diese Weise werden den Personen und ihren Identitäten durch die Technik der Reflexion machtvermittelte Normierungen eingeschrieben, so daß es aufgrund einer Verinnerlichung von Normen scheinbar in erster Linie um Selbstnormierung statt Fremdnormierung gehe (Bauer, Yvonne, Täter-Opfer-Ausgleich in der Kritik, Oldenburg 1997, v.a. S. 94 ff).

229 Schild, Wolfgang, Über die Schwierigkeit, zur Schuld(lehre) im Strafrecht Nein oder Ja zu sagen, in: Müller, Siegfried/Otto, Hans-Uwe, Hrsg., Damit Erziehung nicht zur Strafe wird, Bielefeld 1986, 29-44, 38

230 Vgl. Soyer, Richard, Strafprozeß und Tatausgleichsverfahren im Spannungsfeld von divergierenden Wahrheitsansprüchen, in: Hammerschick, Walter, Hrsg., Ausweg aus dem Strafrecht – der »außergerichtliche Tatausgleich, Baden-Baden 1994, 191-198.

Teilnahme an Wiedergutmachungsmaßnahmen bzw. an einem Täter-Opfer-Ausgleich bewirkt wird. Aber es handelt sich auch nicht mehr um eine reine Prävention, insofern das Prinzip der Wiedergutmachung genau dann verletzt ist, wenn der Täter daran nur und ausschließlich aus strategischen Zwecken zur Vermeidung einer Kriminalstrafe teilnimmt. Darin liegt der entscheidende Unterschied sowohl zur Vergeltung als auch zur Prävention, der sich in Elementen des Strafrechts zeigt, die die Wiedergutmachung bzw. einen Täter-Opfer-Ausgleich in den Mittelpunkt der »resozialisierenden« Bemühungen stellen. Es geht nicht darum, den Täter als ein »Mittel« für einen bestimmten Zweck zu gebrauchen, sondern ihn als eine freie Person zu behandeln, die in der Lage ist, sich von seiner Tat zu distanzieren und die Einsicht zu gewinnen, daß seine Freiheit zusammen mit der Freiheit aller anderen am besten im Rahmen eines Systems des Rechts zu bewahren ist.

In diesem Sinne kann gesagt werden, bei der Wiedergutmachung gehe es in erster Linie um die Stabilisierung der Normtreue der Allgemeinheit,[231] und darüber hinaus werde damit der Gedanke der Normverdeutlichung verwirklicht.[232] Man kann insofern von einer integrationspräventiven Form der Normbekräftigung sprechen.[233] Allerdings kann dem doch ein anderes Verhältnis zur Freiheit des Täters zugrundegelegt werden als dies bei der General- oder auch Spezialprävention im Sinne der Abschreckung der Fall ist. Indem an seine Freiheit als ein rechtliches Wesen appelliert wird, steht der Täter hier weniger als ein Mittel zur Erreichung gesellschaftlich gewünschter Zwecke im Mittelpunkt. Die Vorschriften des Strafrechts, die Möglichkeiten der Wiedergutmachung bzw. des Täter-Opfer-Ausgleichs berücksichtigen, befassen sich nicht mit einer strategischen Zweck-Mittel-Relation, durch die der Täter konditioniert werden soll, um ihn von künftigen Straftaten abzuhalten, sondern sie stellen auf seine Bereitschaft zur Mitwirkung ab und ebenso auf einen Ansatz von Rechtlichkeit in ihm, der auch durch seine Tat nicht als dementiert gesehen wird.

In Kantischen Termini könnte gesagt werden, das Prinzip der Wiedergutmachung stellt dem Täter Wege zur Verfügung, auf denen er seine Zugehörigkeit zum status civilis, also zum Rechtszustand, der die Freiheit aller garantiert, wieder gewinnen kann. In diesem Sinne handelt es sich um eine Realisierung des Sühneprinzips. Dabei muß allerdings beachtet werden, daß dies in diesem Falle

---

231 Dölling, Dieter, Der Täter-Opfer-Ausgleich, JZ 1992, 493-499, 498

232 Dölling, Dieter, Generalprävention durch Strafrecht: Realität oder Illusion?, in: ZStW 1990, 1-20; Frehsee, Detlev, Wiedergutmachung, in: Sieverts, Rudolf/-Schneider, Hans Joachim, Hrsg., Handwörterbuch der Kriminologie, Bd. 5, 391-405

233 Frehsee, Detlev, Täter-Opfer-Ausgleich aus rechtstheoretischer Perspektive,in: BMJ 1991, 51-60; Roxin, Claus, Strafrecht, Allgemeiner Teil Bd. I, Grundlagen, Der Aufbau der Verbrechenslehre, 35

nicht mit dem Prinzip der Vergeltung identifiziert werden darf. Letztlich muß sich ein Sühneerlebnis als sittlich autonomer Akt der Persönlichkeit darstellen, weswegen es gerade nicht zwangsweise oder nur durch Drohung mit strafrechtlichen Mitteln im engeren Sinne erreicht werden kann, sondern nur durch die Berücksichtigung der inneren Wesensstruktur des Täters als eines rechtlichen Wesens.[234]

6.3 Konfliktlösung durch Konsens

Das Thema »Mediation« als außergerichtliches Konfliktlösungsverfahren wurde zunächst vor allem bedeutsam im Zusammenhang mit Diskussionen über die Möglichkeit einer Entlastung der Justiz durch alternative Streitbeilegungsmöglichkeiten.[235] Eine mögliche Definition lautet: Mediation ist ein formloses, beidseitig freiwillig gewähltes Vermittlungsverfahren, mit dem gegenläufige Positionen in Einklang gebracht werden sollen, um eine einvernehmliche Lösung zwischen den Parteien zu erzielen.[236] Etwas ausführlicher kann Mediation wie folgt bestimmt werden: „eine soziale Technik, mit deren Hilfe (Interessen-)Konflikte zwischen zwei oder mehr Parteien unter Hinzuziehung eines neutralen Dritten zur Sprache gebracht, geklärt und möglicherweise beigelegt werden sollen. Das Ziel des Mediationsverfahrens besteht in der Suche nach Problemlösungen, die für alle am Konflikt Beteiligten akzeptabel sind. Das wechselseitige Ausloten von Verhandlungsspielräumen und die Suche nach neuen Lösungen kennzeichnet den Mediationsprozeß. Er besteht in Aushandlungsprozessen, in denen konsensuale Konfliktregelungen angestrebt werden."[237] Die Verhandlung wird dabei nicht von einem entscheidungsbefugten Richter, sondern von einem neutralen Vermittler geführt, dem selbst keine inhaltliche Entscheidungskompetenz hinsichtlich der Konfliktlösung zukommt.[238] Die Lösung für den Konflikt muß also grundsätzlich

---

234 Roxin, Claus, Strafrecht, Allgemeiner Teil, Bd. I. Grundlagen. Der Aufbau der Verbrechenslehre, 31

235 Leutheusser-Schnarrenberger, Sabine, Wege zur Justizentlastung, NJW 1995, S. 2441 ff; Hartmann, Peter, Das neue Gesetz zur Förderung der außergerichtlichen Streitbeilegung, NJW 1999, S. 3745; sowie Pelikan, Christa, Über Mediationsverfahren, in: dies., Hrsg., Mediationsverfahren, Baden-Baden 1999, 11-28.

236 Albrecht, Britta, Mediation im Arbeitsrecht, Frankfurt/Main 2001, S. 25 f

237 Fietkau, Hans-Joachim, Leitfaden Umweltmediation, Schriften zu Mediationsverfahren im Umweltschutz, Nr. 8, WZB-Veröffentlichung FS II, 94-323, Berlin 1994, S. 6

238 Stadler, Astrid, Außergerichtliche obligatorische Streitschlichtung – Chance oder Illusion? NJW 1998, S. 2479 (2483); Breidenbach, Stephan/Henssler, Martin, Mediation für Juristen, Köln 1997, S. 1

von den Parteien selbst erarbeitet werden, so daß sie anschließend in einer vertraglichen Vereinbarung festgehalten werden kann.

Von Verfahren der Schiedsgerichtsbarkeit oder der Schlichtung unterscheidet sich die Mediation also vor allem dadurch, daß der Konflikt hier nicht durch einen Dritten beendet wird. Der Mediator hat keine Entscheidungskompetenz und die Mediationsvereinbarung hat in der Regel die Wirkung eines privatrechtlichen Vertrages.[239] Allerdings ist es möglich, nach Abschluß der Mediation ein nachträgliches Schiedsverfahren zu initiieren, um das Ergebnis zu einem Schiedsspruch mit vereinbartem Wortlaut i.S.v. § 1053 ZPO auszugestalten, der unter den Parteien die Wirkung eines rechtskräftigen Urteils besitzt.[240] Darüber hinaus kann die Mediationsvereinbarung unter den Voraussetzungen der §§ 796a-c ZPO als Anwaltsvergleich ausgestaltet werden.

Zu den Vorteilen eines Mediationsverfahrens gegenüber der gerichtlichen Konfliktlösung gehört vor allem die Kosten- und Zeiteinsparung.[241] Durch die Nichtöffentlichkeit des Verfahrens sind die Parteien in manchen Fällen bereit, Zugeständnisse zu machen, die sie in einem öffentlichen Gerichtsverfahren nicht zugestehen könnten oder wollten.[242] Die Loslösung von Rechtsnormen kann in manchen Fällen als weiterer Vorteil angesehen werden.[243] Die Mediation bewegt sich zwar innerhalb der Grenzen des Rechts, aber sie ist ein Verfahren der Streitschlichtung ohne ständige Auseinandersetzung mit konkreten Normen.[244] Die zentrale Frage ist dabei nicht, wie sich die Positionen der Parteien rechtlich durchsetzen lassen, sondern es geht zunächst um die Frage nach den Interessen der Parteien und dann um Möglichkeiten einer konfliktfreien praktischen Verwirklichung.

Insbesondere dann, wenn die Parteien nach Beendigung des Konflikts ihre Beziehung fortsetzen wollen oder müssen, stellt die Mediation und ihr Verhandlungsprinzip eine schonendere Konfliktlösung dar.[245] Hier kommt zum Tragen, daß das Ergebnis der Mediation per definitionem eine Vereinbarung darstellt, mit

---

239 Vgl. Diez, Hannelore, Was ist Mediation?, in: Krabbe, Heiner, Scheidung ohne Richter – Neue Lösungen für Trennungskonflikte, Hamburg 1995, S. 126 ff

240 Eidenmüller, Horst, Vertrags- und Verfahrensrecht der Wirtschaftsmediation, Köln 2001, S. 49; Lörcher, Gino, Das neue Recht der Schiedsgerichtsbarkeit, DB 1998, S. 245

241 Eyer, Eckhard, Alternative Strategie zur Konfliktlösung, AuA 2000, S. 308; Risse, Jörg, Wirtschaftsmediation, NJW 2000, S. 1614 (1618)

242 Risse, Jörg, Wirtschaftsmediation, NJW 2000, S. 1414 (1618)

243 Gottwald, Walther, Modelle der freiwilligen Streitschlichtung unter besonderer Berücksichtigung der Mediation, WM 1998, S. 1257 (1260)

244 Schöbel, Heino, Verhandlungsmanagement und Mediation in der Juristenausbildung, JuS 2000, S. 372 (373)

245 Risse, Jörg, Wirtschaftsmediation, NJW 2000, S. 1614 (1618)

dem die Parteien zumindest partiell zufrieden sind. Dadurch gibt es keine eindeutigen Gewinner- oder Verliererpositionen. In diesem Zusammenhang wurde von »win-win-solutions« gesprochen.[246] Dadurch können die Parteien auch nach dem Verfahren noch Partner sein und werden mit geringerer Wahrscheinlichkeit zu unversöhnlichen Gegnern.[247]

Als Problem kann zunächst angesehen werden, daß keine Pflicht zur Einhaltung verfassungsrechtlicher Verfahrensgarantien besteht. Hier ist insbesondere daran zu denken, daß die Parteien die Bedeutung des rechtlichen Gehörs selbst bestimmen können.[248] Darüber hinaus wird der Konflikt privatisiert und der äußeren Kontrolle sowie der richterlichen Rechtsfortbildung entzogen.[249] Es entstehen also keine Lösungsanhaltspunkte für ähnliche Fälle und die Mediation entzieht sich der allgemeinen Rechtsdurchsetzungsmöglichkeit. Darüber hinaus ist auch die Gefahr eines Rechtsverlustes zu berücksichtigen, da die Mediation keine Fristen hemmen kann.[250] Mit Ausnahme dieses letzten Problems können die Nachteile geradezu als die Entsprechungen der Vorteile der Mediation als Streitschlichtungsverfahren angesehen werden. Damit zeigt sich schon eine gewisse Ambivalenz dieses Verfahrens, die insbesondere auf dem Gebiet des öffentlichen Rechts und speziell bei der Lösung von Konflikten im Zusammenhang mit Umweltschutzgesichtspunkten von Bedeutung ist.

Es ist jedoch schon hier darauf hinzuweisen, daß das Recht auch in der Mediation eine positive Rolle spielt, die nach verschiedenen Gesichtspunkten bedeutsam wird. Zunächst bestimmen Rechtsnormen den Wert der Nichteinigungsalternativen der Beteiligten.[251] Dies geht vor allem darauf zurück, daß jede der Parteien unter der Annahme vollständiger Rationalität und der Motivation durch Eigeninteresse einem Vergleichsvorschlag nur zustimmen wird, wenn sie durch diesen mindestens so viel erreicht, wie sie voraussichtlich bei der gerichtlichen

---

246 Gottwald, Walther, Modelle der freiwilligen Streitschlichtung unter besonderer Berücksichtigung der Mediation, WM 1998, S. 1257 (1260); Ponschab, Reiner/Dendorfer, Renate, Mediation in der Arbeitswelt – eine ökonomisch sinnvolle Perspektive, Beilage zu BB 6/2001, S. 1

247 Schöbel, Heino, Verhandlungsmanagement und Mediation in der Juristenausbildung, JuS 2000, S. 372 (373)

248 Prütting, Hanns, Schlichten statt Richten? JZ 1985, S. 261 (270)

249 Risse, Jörg, Wirtschaftsmediation, NJW 2000, S. 1614 (1618); Wagner, Gerhard, Obligatorische Streitschlichtung im Zivilprozeß: Kosten, Nutzen, Alternativen, JZ 1998, S. 836

250 Eidenmüller, Horst, Vertrags- und Verfahrensrecht der Wirtschaftsmediation, Köln 2001, S. 29; Wagner, Gerhard, Alternative Streitbeilegung und Verjährung, NJW 2001, S. 182

251 Eidenmüller, Horst, Vertrags- und Verfahrensrecht der Wirtschaftsmediation, Köln 2001, S. 57

Streitbeilegung erreichen könnte. Darüber hinaus ist zu berücksichtigen, daß die rechtlichen Regeln auch Maßstäbe zur Beurteilung von Einigungsoptionen darstellen, indem die gefundene Lösung an den Vorschriften des zwingenden Rechts gemessen und außerdem durch den Gerechtigkeitsgehalt des dispositiven Rechts beurteilt wird.[252] Schließlich können Rechtsnormen auch als Denkanstöße für die Gestaltung von Einigungsoptionen dienen.[253] Dennoch bleibt die Ambivalenz bestehen, daß eine Verrechtlichung der Mediation sich grundsätzlich nicht mit deren Grundanliegen einer interessenbasierten und konsensualen Konfliktlösung verträgt.

Die Mediation erscheint im Zivilrecht kaum als eine rechtssystematisch problematische Verfahrensweise. Anders sieht die Lage jedoch aus, wenn Interessenkonflikte im öffentlichen Recht per Mediation gelöst werden sollen. Hier könnten zunächst die grundsätzlichen Bedenken herangezogen werden, die für konsensorientierte Verfahren im Strafrecht gelten.[254] Auch im Strafverfahrensrecht besitzen ja in der Gegenwart Begriffe wie Verständigung, Übereinkunft, Einigung oder auch Rechtsgespräch eine zunehmende Bedeutung.[255] Hier ist insbesondere der auch rechtlich geregelte Täter-Opfer-Ausgleich zu nennen (§ 46a StGB).[256]

Darüber hinaus aber gilt die Konsensorientierung als Bestandteil der Opportunitätsvorschriften.[257] Nach § 153 II StPO ist die gerichtliche Verfahrenseinstellung in Bagatellsachen an die Zustimmung der Staatsanwaltschaft und des Beschuldigten gebunden. Zur Vermeidung eines langwierigen Verfahrens ist nach § 153a StPO die Selbstunterwerfung des einsichtigen und sanktionswilligen Täters erforderlich. Ebenso enthält § 153b II StPO als Einstellungsvoraussetzung nach Klageerhebung die Zustimmung des Beschuldigten und der Staatsanwaltschaft. Auch in § 153e StPO zeigt sich der Kooperationsgedanke, wenn das Strafverfahren durch die Aufklärungshilfe des Beschuldigten eingestellt werden kann.

Vor allem aber das Strafbefehlsverfahren kann als Keimzelle des Einigungsgedankens im Strafprozeß angesehen werden. Die Parteienübereinstimmung

---

252 Eidenmüller, Horst, Vertrags- und Verfahrensrecht der Wirtschaftsmediation, Köln 2001, S. 2

253 Risse, Jörg, Die Rolle des Rechts in der Wirtschaftsmediation, in: Beilage 9 zu BB Heft 27/1999, S. 1 (5)

254 Vgl. Kargl, Walter, Kritische Anmerkungen zum Vertragsgedanken im Strafprozeß, in: Pelikan, Christa, Hrsg., Mediationsverfahren, Baden-Baden 1999, 93-114; sowie Aertsen, Ivo, Mediation bei schweren Straftaten – auf dem Weg zu einer neuen Rechtskultur?, a.a.O., 115-138.

255 Vgl. Tscherwinka, Absprachen im Strafprozeß, 1995

256 Dölling, Täter-Opfer-Ausgleich in Deutschland, 1998; ferner oben 6.2, S. 89 ff.

257 Vgl. Pott, Die Außerkraftsetzung der Legalität durch das Opportunitätsdenken in den Vorschriften der §§ 154, 154a StPO, 1996.

kommt hier durch den Einspruchsverzicht des Beschuldigten zum Ausdruck (§§ 410, 411 StPO), indem das Schweigen als Zustimmung zum Schuldspruch und zur Rechtsfolge aufgefaßt wird.[258] In die gleiche Richtung weist auch das Privatklageverfahren, das wegen Hausfriedensbruch, Beleidigung, Bedrohung und Sachbeschädigung nur erhoben werden kann, wenn zuvor vor einer Vergleichsbehörde die Sühne versucht wurde (§ 380 I StPO).

Im materiellen Strafrecht ist in diesem Zusammenhang insbesondere auf die Kronzeugenregelungen hinzuweisen. Hier wird einem Mitbeschuldigtem Straffreiheit oder Strafmilderung zusichert, wenn er sich als Hauptbelastungszeuge zur Verfügung stellt.[259] Solche Regelungen finden sich in § 129 VI Nr.2 StGB und 129 a V in Bezug auf kriminelle Vereinigungen oder terroristische Straftaten, im Betäubungsmittelstrafrecht in § 31 Nr. 1 BtMG, und in § 261 X StGB für das Delikt der Geldwäsche. Prinzip dieser Regelungen ist stets, daß der Beschuldigte eine Dispositionsbefugnis über den Prozeßgegenstand erhält, indem der Staat Strafnachlaß oder Strafverzicht im Austausch gegen Wissen, Wiedergutmachung oder Aussöhnung gewährt. Hier entsteht also auch im Strafrecht eine Unterscheidung zwischen einem gesetzgebundenen und einem vertragsorientierten Prozeßmodell bzw. zwischen einem prinzipienorientierten und einem abwägungsorientierten Strafverfahrensrecht.[260]

Im Strafrecht zeigt sich also im weiteren Zusammenhang des bereits im Mediationsverfahren enthaltenen Vertragsgedankens die Spannung zwischen strenger Durchführung des Legalitätsprinzips und der strafrechtlichen Opportunitätsmaxime. Im Strafrecht können hier Kriterien der Prozeßökonomie und der Verfahrenseffektivität als Begründung herangezogen werden. Auf der grundsätzlichen Ebene der rechtsphilosophischen Begründung des Strafrechts könnte man auf den Gedanken des Vertrags am Anfang der rechtlichen Gemeinschaft verweisen, in dem die Staatsbürger einen Teil ihrer natürlichen Freiheit aufgeben, um ihre rechtliche Freiheit im Staat zu gewinnen. Nach dieser Auffassung würde der Vertragsgedanke im Strafrecht deshalb sinnvoll verwendet werden können, weil damit Beschuldigter und staatliche Gemeinschaft zu einem Ausgleich kommen können, der beiden den Rechtsfrieden sichert.

Dagegen spricht jedoch der Sinn des Vertragsgedankens bei der Begründung des Rechts. In diesem Vertrag verzichten die Bürger gerade auf ihre Stellung als gleichrangige Kontrahenten in Interessenkonflikten und übertragen die Regelung

---

258 Rönnau, Die Absprache im Strafprozeß, 1990, S. 133ff

259 Mitsch, Mitbeschuldigter und Zeugnisverweigerungsrecht, in: FS für Theodor Lenckner, 1998, S. 721 ff; Beulke, Strafprozeßrecht, 1998, Rdnr. 342

260 Vgl. Montada, Gerechtigkeit und Rechtsgefühl in der Mediation, in: Dieter, Anne/-Montada, Leo/Schulze, Annedore, Hrsg., Gerechtigkeit im Konfliktmanagement und in der Mediation, Frankfurt/New York 2000, 37-62.

solcher Konflikte auf eine neutrale Institution, die eine sanktionsbewehrte Entscheidung trifft. Hier könnte argumentiert werden, mit dem Konsensprinzip allgemein und speziell mit dem Instrument des Mediationsverfahrens werde dieser Verzicht auf eine private Austragung von Konflikten zurückgenommen und die Konfliktaustragung wieder den privaten Machtkonstellationen zwischen den Kontrahenten übertragen. Dies erscheint im Zivilrecht weitgehend unproblematisch. Hier kann nur auf die bereits genannten Probleme mit der fehlenden Rechtssicherheit solcher Verfahren hingewiesen werden.

Anders sieht die Lage jedoch im Strafrecht aus, wenn der staatliche Strafverfolgungsanspruch gegen denjenigen, der durch eine Straftat die Rechtsordnung verletzt hat, aufgegeben wird, um Täter und Opfer in irgend einer Form zu einem Ausgleich zu bringen, ohne daß ein verbindliches Urteil ergeht, das den Rechtsfrieden wieder herzustellen in der Lage wäre. Hier wird bis zu einem gewissen Grade der Gedanke von einem Recht, das an die Stelle privater Konfliktverfolgung und Konfliktbeilegung treten soll, aufgegeben, und an seine Stelle tritt der Gedanke von einem Recht, das sich an Opportunitätsgesichtspunkten orientiert und den Kontrahenten nur Verfahrensinstrumente zur Konfliktregelung zur Verfügung stellen will, nicht aber selbst materiell-rechtlich wirksam werden soll. Damit aber wird der Konflikt zwischen Täter und Opfer neu definiert. Es handelt sich nicht mehr um einen Konflikt zwischen einem Täter und der rechtlichen Gemeinschaft, die durch den ursprünglichen Vertrag der Staatsgründung und der Übertragung der Konfliktregelung auf rechtliche Normen entstanden war. Jetzt handelt es sich wieder um einen Konflikt zwischen zwei Privatrechtssubjekten, die sich auf gleicher Ebene gegenüberstehen, und deren Konflikt grundsätzlich so privatisiert ist, wie dies im Zivilrecht problemlos möglich erscheint.

Letztlich läßt sich dagegen nur einwenden, daß auch die Effektivität der Strafrechtspflege einen Teil der Realisierung des Vertrags zwischen den Staatsbürgern darstellt. Dann wird es zu einer Abwägungsfrage, ob die zumindest partielle Umdefinition der Konflikte, die grundlegende Freiheitsrechte betreffen und deshalb den Rechtsfrieden bedrohen, zu grundsätzlich zivilrechtlichen Konflikten, die nicht zwischen Gemeinschaft und Staatsbürger, sondern zwischen Staatsbürger und Staatsbürger stattfinden, zu einem höheren oder niedrigeren Ausmaß an Rechtssicherheit führt. Die Abwägung muß dabei grundsätzlich nicht nach den Grundsätzen der Effektivität und der Legalität stattfinden, sondern anhand der Frage, ob der Zuwachs an Effektivität auch einen Zuwachs an Legalität mit sich bringt oder ob die höhere Effektivität mit einer geringeren Legalität und einer geringeren Realisierung des rechtsbegründenden Vertrags für die Staatsbürger verbunden ist.

7. Verbrechen und Strafe in der rechtlichen Freiheit

7.1 Perspektiven utilitaristischer Strafrechtsbegründung

Das Strafrecht ist der Teil des Rechts, in dem der Staat die Befugnis in Anspruch nimmt, Menschen auf gesetzlicher Grundlage Leiden zufügen zu dürfen. Daran ändert prinzipiell die Tatsache nichts, daß die strafzumessungsrelevanten Vorschriften des in Deutschland und in den meisten europäischen Ländern geltenden Strafrechts, das sich an der Freiheitsstrafe als zentraler Sanktion orientiert, im Vergleich zu Regelungen des islamischen (Körperstrafen) oder auch des amerikanischen Rechts (Todesstrafe) als human und der unantastbaren Würde des Menschen verpflichtet angesehen werden können. Die ratio des Strafrechts besteht in jedem Fall darin, dem Gesetzesbrecher absichtlich durch eine von der Rechtsordnung autorisierte menschliche Instanz ein Übel zufügen zu lassen. Das Staatshandeln bedarf in diesem Aktionsfeld offensichtlich in besonderem Maße der Rechtfertigung.

Dabei darf die Frage nach der ethischen Legitimation des staatlichen Strafanspruchs nicht auf die Fragen nach »Sinn« oder »Zweck« von Strafe verengt werden, da damit bereits bestimmte Antwortrichtungen in die Fragestruktur aufgenommen sind: durch die Angabe eines Zweckes ist eine Aktion noch nicht gerechtfertigt, und durch die Bestimmung ihres Sinnes ist sie nur in einem gegebenen Bedeutungskontext situiert. Der Legitimation des Strafrechts muß es offenbar gelingen, einen ethisch einsehbaren Zusammenhang zwischen Straftat und Strafe herzustellen, also zwischen einer Veränderung des natürlichen Ablaufs der Dinge, die der Staat durch seine rechtliche Regelungsmacht untersagt, und einer weiteren Veränderung des natürlichen Ablaufs, die von den staatlichen Instanzen als Reaktion auf die erste Veränderung durchgesetzt wird.

Die Begründungen des Strafrechts wurden in den vorangegangenen Erörterungen zunächst danach unterschieden, ob sie die Prinzipien der Vergeltung oder des Utilitarismus in den Mittelpunkt stellen. Im Utilitarismus sind es grundsätzlich die Folgen der Handlung, die für ihre Strafwürdigkeit in Betracht gezogen werden, weshalb auch von Konsequentialismus die Rede sein kann.[261] Von entscheidender Bedeutung für die nähere Bestimmung des Utilitarismus ist die Wahl der Maßstäbe für den zu maximierenden Nutzen, der durch das Strafrecht

---

261 Vgl. dazu Fn. 94.

und seine Ausgestaltung erzielt werden soll. Dadurch hat sich – wie oben schon ausgeführt – die konsequentialistische Konzeption näher bestimmt. Dem »hedonistischen« Utilitarismus zufolge ist eine Handlung dann richtig, wenn sie der Mehrung des sinnlichen Genusses dient, während der »eudämonistische« Utilitarismus dafür eine Mehrung des Glücks fordert, also eine Befriedigung von Interessen im wohlverstandenen und vernünftigen Sinne.

Für die Begründung des Strafrechts ist wichtig, daß hier der Utilitarismus in einem sozialen bzw. universalistischen Sinn herangezogen werden muß, demzufolge der Nutzen der gesamten Gesellschaft zu fördern ist, und nicht etwa nur der Nutzen des Handelnden (egoistischer Utilitarismus). Auch eine Konzeption, derzufolge das Interesse des Handelnden von vornherein nicht in das Nutzenkalkül eingehen soll, kann außer Betracht bleiben (altruistischer Utilitarismus). Schließlich ist noch die Unterscheidung zwischen Handlungs- und Regelutilitarismus zu beachten. Nach dem ersteren wird eine unmittelbare Beurteilung vorgenommen, die Handlungen sind also jeweils nach ihrem eigenen Nutzen zu beurteilen. Nach dem letzteren dagegen erfolgt eine mittelbare Beurteilung, die die Bildung von Regeln voraussetzt, bei deren Befolgung angenommen wird, daß der Nutzen maximiert wird. Richtig im utilitaristischen Sinne ist eine Handlung deshalb dann, wenn sie den so gebildeten Regeln entspricht.

7.2 Der Utilitarismus und das Problem des Nutzens

Gegen die utilitaristischen, relativen Straftheorien kann grundsätzlich der Einwand erhoben werden, sie könnten prinzipiell auch ohne eine Konzeption von Schuld auskommen und sie würden durch die ausschließlich relative und vom Nutzenkalkül diktierte Betrachtung der Tat den Täter ausschließlich als Mittel betrachten und ihn so seiner Personalität als Selbstzweck berauben. Dagegen könnte jedoch argumentiert werden, daß utilitaristische Konzeptionen des Strafrechts nicht vom Schuldprinzip absehen *müssen*. Es wurden sogar verschiedene Theorien entwickelt, die ein Schuldstrafrecht als Bedingung für das Erreichen des utilitaristischen Ziels der Nutzenmaximierung integrieren; vor allem wird dabei mit der Ineffektivität eines Strafrechts argumentiert, das auch die Bestrafung Unschuldiger zuläßt.[262] Dann verliert aber auch der zweite Einwand an Gewicht. Es kann auch nur schwer gefordert werden, andere Menschen überhaupt nicht und in

262 So formulierte z.B. Stigler: „The conviction of innocent persons encourages the crime because it reduces the marginal deterrence to its commission." (G.J. Stigler, The Optimum Enforcement of Laws, in: G.St. Becker, Hrsg., Essays in the Economics of Crime and Punishment, New York/London 1974, S. 55 ff, hier S. 57)

keiner Hinsicht als Mittel für einen Zweck aufzufassen. Dies würde letztlich die gesamten sozialen und ökonomischen Beziehungen zwischen Menschen zerstören – etwa könnte niemand mehr einen Rechtsanwalt konsultieren oder bei einem Professor studieren. Gefordert kann also nur sein, in allen Zweck-Mittel-Beziehungen im anderen Menschen stets zugleich den Selbstzweck zu sehen.

Deshalb erscheint ein anderes Problem mit der utilitaristischen Rechtfertigung des Strafrechts gewichtiger. Die utilitaristische Ausrichtung an der Nutzenmaximierung setzt die Möglichkeit bzw. den Anspruch voraus, Nutzen und Nachteil verschiedener Individuen gegeneinander aufrechnen zu können.[263] Eine solche Aufrechnung erfordert es, die Nutzen interindividuell gleichnamig zu machen, also sie »auf einen Nenner« zu bringen. Dagegen wendet Kant ein, „daß der Begriff der Glückseligkeit ein so unbestimmter Begriff ist, daß, obgleich jeder Mensch zu dieser zu gelangen wünscht, er doch niemals bestimmt und mit sich selbst einstimmig sagen kann, was er eigentlich wünsche und wolle."[264] Dann dürfte es aber erst recht unmöglich sein, von anderen zu sagen, worin ihr Nutzen liegt. Ein Ausweg könnte darin liegen, für andere angeben zu wollen, worin sie ihren Nutzen finden *sollen*. Dann aber müßte der Utilitarismus mit einer Theorie über das gute Leben verbunden werden. Nun beansprucht der utilitaristische Gedanke aber gerade, das Gute durch die erfolgreiche Nutzenmaximierung bestimmen zu können. Deshalb kann eine utilitaristische Strafrechtsbegründung nicht unabhängig von einem Nutzenvergleich angeben, was Nutzen stiften *soll*.

Folglich ist diese Konzeption zur Rechtfertigung des staatlichen Strafanspruchs von der Annahme abhängig, es sei möglich, den Nutzen des Übels, das dem Straftäter zugefügt wird, durch Addition der Einzelnutzen der Individuen zu errechnen, für die jenes Übel über den Mechanismus der Prävention oder auch der Resozialisierung einen Vorteil erbringt. Dabei muß berücksichtigt werden, daß ja nicht alle Bürger gleichmäßig von der Verhütung von Verbrechen profitieren – ein Teil der Bürger kann seinen Nutzen durch die Reduzierung der Rechtsverletzungen einer bestimmten Kategorie vermehrt sehen, während einem anderen Teil diese Verbrechen gleichgültig sind, obwohl ihm andere Verbrechen einen Schaden zufügen, der wiederum die Nutzenbilanz einer anderen Gruppe unverändert läßt. Die Addition der Nutzen durch das utilitaristische Strafrecht muß

263 Dieses Problem stellt sich jedoch in anderem Zusammenhang auch bei der retributivistischen Strafbegründung: „The retributivists′ difficulties arise fromm seeking the measure of penalty in the crime, without first assuming a scale or a rule relating the two. Given the scale, any given penalty would require justification in terms of it; but the scale itself, like any rule, must in the end be justified in utilitarian terms." (Stanley I. Benn, An Approach to the Problems of Punishment, in: Philosophy 33/1958, 325 ff, p. 325)

264 I. Kant, Grundlegung zur Metaphysik der Sitten, Akademieausgabe IV, S. 18

die Ungleichverteilung in ihr Kalkül aufnehmen, mit dem der Nettonutzen staatlicher Sanktionen errechnet werden soll, der allein sie nach utilitaristischer Auffassung rechtfertigen kann. Die Ungleichverteilung muß sich dabei jedoch im übrigen nicht auf meßbare Vorteile und Nachteile – etwa im Vermögensbereich – beschränken, sie kann auch im Bereich der subjektiven Wahrnehmung und Bewertung einer Verhinderung oder Reduzierung von Rechtsverletzungen mittels staatlicher Sanktionen gefunden werden.

Das prinzipiell gleiche Problem tritt nun auf, wenn der wie auch immer ermittelte Nutzen gegen den Nachteil aufgerechnet werden soll, den die Strafe dem Täter zufügt. Die Nachteile müssen zur Addition gleichnamig gemacht werden, und dabei muß die subjektive Bewertung in die Rechnung eingehen. Schließlich muß die utilitaristische Straftheorie noch von der Annahme ausgehen, daß Nutzen und Nachteile generell und speziell zwischen verschiedenen Personen zu verschiedenen Zeitpunkten gegeneinander aufgerechnet werden können. Schon im Individuum ist es ja nicht notwendig so, daß ein erlittenes Übel zum Zeitpunkt t durch einen Nutzen im Zeitpunkt t_1 »ausgeglichen« werden könnte. Ebenso ist es ein voraussetzungsreicher Gedanke, daß das einem Individuum zugefügte Übel durch einen Nutzen ausgeglichen werden kann, der einem anderen Individuum als Folge jenes Übels entsteht. Es könnte ja auch argumentiert werden, daß das Übel für den einen bestehen bleibt, auch wenn andere daraus Gewinn ziehen. Die Möglichkeit der Aufrechnung erfordert also auf jeden Fall eine eigene Begründung, ohne die der utilitaristischen Straftheorie ein wichtiges Element ihrer gedanklichen Voraussetzungen fehlt.

7.3 Utilitarismus und politische Freiheit

Bis jetzt ergibt sich daraus jedoch schon, daß die utilitaristische Strafrechtfertigung in einem engen Zusammenhang mit der in einer Staatsverfassung (polity) realisierbaren Idee politischer Freiheit steht. Es muß mit dieser Konzeption von Freiheit vereinbar sein, daß die Staatsbürger so weit als *gleich* angesehen werden, daß die Verteilung von Nutzen und Nachteilen unter ihnen in eine gemeinsame Rechnung eingehen kann. Sie müssen darüber hinaus in dem Sinn als gleich angesehen werden, als das Übel, das dem einen zugefügt wird, durch einen höheren Nutzen für die anderen aufgewogen werden soll. Und sie müssen als gleich angesehen werden hinsichtlich ihrer subjektiven Wahrnehmung und Bewertung von Nutzen und Nachteilen. Die Alternative dazu wäre die Ausschaltung aller Subjektivität im Verhältnis des Staates zu seinen Bürgern, was auf eine noch weitreichendere Unterstellung von Gleichheit hinauslaufen würde, nämlich auf die Unterstellung einer Gleichheit in der subjektiven Wahrnehmung und in den subjektiven Urteilen über das Nützliche und über das Schädliche für das Individuum.

Indem der Staat seine Bürger unter diesen Aspekten als gleich *ansieht* und sie entsprechend behandelt, greift er bereits durch die Präsuppositionen, die ein utilitaristisch legitimiertes Strafrecht erfordert, in ihre Freiheit ein und *bestimmt* die Bürger als Wesen, denen von Staats wegen definierte Eigenschaften zukommen. Diese Bestimmung betrifft offensichtlich nicht nur äußerliche Charakteristika, sondern dringt vor in die Struktur der staatlich anerkannten Nutzen und Nachteile und ihrer subjektiven Bewertungen. Die staatliche Definition der Gleichheit der Bürger betrifft darüber hinaus aber auch deren Verhältnis untereinander. Voraussetzung der utilitaristischen Rechtfertigung des Strafrechts ist das staatliche Ansehen der Bürger als in wesentlichen Bereichen gleich, was in der Tendenz eine Unterdrückung der entgegenstehenden Freiheit bedeutet, nicht gleich sein zu wollen.

Die utilitaristische Straftheorie führt also durch ihre Voraussetzungen in eine Beziehung zu den Verhältnissen zwischen dem Staat und seinen Bürgern, die als Konflikt zwischen Freiheit und Gleichheit beschrieben werden kann, ein Konflikt, der auf der weltanschaulichen Ebene als Konflikt zwischen liberalem Individualismus und Kollektivismus beschrieben werden kann, wobei die Gleichheit zum kennzeichnenden Begriff des letzteren wird, weil dieser das Individuum nicht in seiner Besonderheit, sondern nur als eine ‚Rechengröße' gelten lassen will. Daraus ließe sich die Vermutung ableiten, daß das Strafrecht dann nicht ausschließlich utilitaristisch begründet werden kann, wenn der Staat, der darin die Befugnis zugesprochen erhält, den Bürgern bei Rechtsverletzungen legale Übel zuzufügen, sich als liberaler Rechtsstaat durch die Sicherung der Freiheit aller legitimiert. In diesem Sinne hat Kant das Recht gedacht als den „Inbegriff der Bedingungen, unter denen die Willkür des einen mit der Willkür des andern nach einem allgemeinen Gesetze der Freiheit zusammen vereinigt werden kann".[265] Wenn die ratio des rechtlich geregelten Zusammenlebens im Staat die Sicherung der Freiheit der Individuen ist, so tangiert der Konflikt der utilitaristisch geforderten Gleichheit mit der Freiheit als Möglichkeit, nicht gleich zu sein, eo ipso die Legitimationsgrundlage des Staates. Von da her legt sich die Frage nahe, ob nicht auch die Begründung des Strafrechts stärker an der Aufgabe des Rechts als Sicherstellung der Freiheit orientiert werden müßte und könnte, als dies im Denkzusammenhang einer utilitaristischen Strafrechtfertigung möglich ist, wo die Maximierung des Nutzens in Konflikt mit einer Optimierung personal *und* politisch verstandener Freiheit gerät.

---

265 I. Kant, Metaphysik der Sitten, Akademieausgabe Bd. VI, S. 230

7.4 Retributivismus und politische Freiheit

Im Gegensatz zur utilitaristischen Strafrechtstheorie leitet eine retributivistische Strafrechtsbegründung die Strafbarkeit von Handlungen aus deren Eigenwert ab, nicht aus ihren Folgen für den Nutzen der in einer rechtlichen Gemeinschaft lebenden Gesellschaft. Nichtsdestoweniger ist der Grundsinn von Retribution »repayment«, und eine solche geschuldete Rückzahlung setzt offenbar eine Relation der Tat auf ein Wertesystem voraus, von dem her die Notwendigkeit einer »Rückerstattung« begründet werden kann, die ja voraussetzt, daß etwas ohne Rechtfertigung »weggenommen« wurde. Daraus ergibt sich als erstes Problem, wie ein nicht in Nutzenbegriffen ausdrückbares Verhältnis von Wegnahme und Rückerstattung gedacht werden kann. Eine retributivistische Straftheorie muß also zunächst angeben können, *was* durch die Strafe zurückerstattet wird, und sie muß begründen können, *wie* eine solche Rückerstattung gerade durch die Zufügung eines Übels durch die Staatsgewalt möglich sein kann.

Darüber hinaus aber wirft die Retributionstheorie das Problem auf, wie eine Begründung der Strafbarkeit durch den Charakter der Tat selbst – also durch ihren inneren Wert – vereinbart werden kann mit der Verletzung eines Wertes in einem Wertesystem, das nicht nur im Innern der Tat besteht, sondern das über sie hinausgeht und sie in einen Zusammenhang von Wegnahme und Rückerstattung stellt, durch den erst die Bedeutung von »repayment« erfüllt werden kann. Es muß also der innere Wert bzw. Unwert einer Handlung mit ihrem »äußerem« Wert bzw. Unwert für ein durch sie verletzbares Wertsystem vereinigt werden können.

Damit findet sich auch in den gedanklichen Voraussetzungen der vergeltungstheoretischen Strafrechtsbegründung ein bestimmtes Verhältnis des dem Strafrecht und seinen Sanktionsdrohungen unterworfenen Bürgers zu dem rechtlich verfaßten Staatswesen, das im Recht die Freiheit beschränkt, um sie zu verwirklichen. Auch in diesem Verhältnis findet ein Bestimmen des Bürgers in der Form einer Zuschreibung von Eigenschaften und Fähigkeiten statt. Darin faßt der Staat den Bürger so auf, daß die notwendigen Voraussetzungen erfüllt sind, die ein durch das Vergeltungsprinzip legitimiertes Strafrecht benötigt. Es wird also staatlicherseits eine Theorie als wahr unterstellt und in dem Sinne »realisiert«, daß das Staatshandeln selbst als Folge der Wirklichkeit dieser Theorie seine eigene Wirklichkeit gewinnt. Man könnte darin eine Exemplifizierung des Prinzips sehen, demzufolge in der sozialen Wirklichkeit dasjenige durch seine Konsequenzen »real« wird, was im sozialen Zusammenhang von Menschen als real »angesehen« oder definiert wird.

Nun ist es im Falle des Strafrechts jedoch der Staat, der in diesem Bereich auf besonders intensive Weise in das Leben von Bürgern eingreift. Indem er diesen

Eingriff nun auf der Grundlage der Vergeltungstheorie durchführt, realisiert er deren Voraussetzungen insofern, als in den Folgen das Geltenlassen dieser Voraussetzungen zu gravierenden Veränderungen im Leben von Menschen führen kann. Im Zusammenhang mit der Strafrechtfertigung ist hier insbesondere von Bedeutung, daß die staatlicherseits vorgenommene Unterstellung der Gültigkeit der Voraussetzungen der Vergeltungstheorie für den Rechtsverletzer im besonderen und für die Gesellschaft im allgemeinen zu *anderen* Folgen führt, als dies bei einer Unterstellung der Gültigkeit der Bedingungen der utilitaristischen Straftheorie der Fall sein würde. Die staatliche Zuschreibung von Eigenschaften und Fähigkeiten führt also zu verschiedenen Ergebnissen und tangiert die Freiheit des einzelnen Bürgers in verschiedener Weise und in verschiedenem Ausmaß.

Wenn die Straftheorie der Retribution durch das Schuldprinzip den inneren Wert bzw. Unwert einer Handlung so mit einem Wertesystem verknüpft, daß der innere Wert durch die Forderung nach »Rückzahlung« die Retribution rechtfertigt, so stellt sie offensichtlich das Prinzip der individuellen Freiheit ins Zentrum der Strafrechtfertigung. Die Freiheit des Individuums wird darin jedoch nicht als schrankenlose Handlungsfreiheit oder als Selbstbestimmung nach individueller Willkür verstanden, sondern als Freiheit der Verantwortung. Damit wird dem Bürger mit der retributiven Strafrechtfertigung aber auch ein Verhältnis zu seinen Mitbürgern zugeschrieben, das vor allen näheren sozialen Zusammenhängen schon durch seine verantwortliche Freiheit bestimmt ist. Durch diese soziale Beziehung gewinnt die Einheit von innerem Wert einer Handlung und Pflicht zur »Rückzahlung« einer Schuld eine intersubjektive Wirklichkeit, in der das Strafrecht zum Bestandteil des Rechts als der Wirklichkeit der Freiheit wird.

7.5 Schuldprinzip und Personalität

Wenn wir mit dem Prinzip der Freiheit das Prinzip der *Schuld* in das Strafrecht einführen, so nehmen wir an, der Straftäter hätte auch anders handeln können und die Tatsache, daß er gerade so und nicht anders gehandelt hat, ist so weit auf etwas zurückzuführen, das gerade *ihm* individuell zugehört, daß seine Handlung ihm zugerechnet werden kann und er deshalb für diese Handlung bestraft werden kann. Wir nehmen also an, daß er für seine Handlung *verantwortlich* ist. Diese Annahme einer nicht vollständig determinierten Wahlfreiheit aber gehört nach unserer kulturellen Tradition zu der Selbstdeutung des Menschen als *Person.* Ob eine utilitaristische – General- bzw. Spezialprävention oder Resozialisierung – oder eine retributivistische Rechtfertigungstheorie des Strafrechts besser fundiert ist, hängt also aufs engste davon ab, ob die darin vorausgesetzte Konzeption von

Personalität mit der in unserer Kultur überlieferten bzw. begründbaren Konzeption dessen, was eine Person ausmacht, in Übereinstimmung steht.

Damit steht die Begründung des Strafrechts auch in einer Abhängigkeitsbeziehung zu der akzeptierten Theorie personaler Identität.[266] Zurechnendes Verhalten wie etwa das Strafrecht hängt von einer Unterstellung personaler Identität in einer bestimmten Ausprägung ab. Zurechnende Reaktionen können als symbolische Handlungen als Bewertung einer Handlung und als soziale Regulationsmechanismen verstanden werden. Retributive Rechtfertigungen des Strafrechts sind von der Bedingung personaler Identität in besonderem Maße abhängig, da Unschuldige nicht Adressaten von Strafe sein sollen. Auch diese Praxis von Zuschreibung ist jedoch in einen Rahmen sozialer und moralischer Institutionen eingebettet, die selbst nicht wiederum auf der Grundlage von Identitätsunterstellungen personaler Art zu verstehen sind. Deshalb ist das Vergeltungs- und auch das Schuldprinzip auf diese Weise noch nicht ausreichend gerechtfertigt. Einen Ausweg könnte hier jedoch der Gedanke der sozialen Konventionalität bieten. Auf dieser Grundlage ließe sich Retribution rechtfertigen durch die Notwendigkeit, Verhalten gesellschaftlich zu ordnen. Es wäre also letztlich das Interesse an Berechenbarkeit und Gleichartigkeit von Verhalten, das das Vergeltungsprinzip rechtfertigt, was allerdings voraussetzt, daß ein Kooperationsinteresse der Individuen über die bloße Faktizität hinaus angenommen werden kann, womit ein Element utilitaristischer Begründung wiederhergestellt wäre.

Es könnte auf dieser Grundlage argumentiert werden, daß an Autonomie und Selbstbestimmung orientierte Personen ein Interesse an gesellschaftlichen Institutionen haben *sollten*, so daß personale Identität als normative Forderung verstehbar wird, die gleichzeitig eine Lebensform darstellt. Relativ zu dieser Lebensform wäre es dann plausibel, die Stadien im Ablauf eines menschlichen Lebens so zu behandeln, als erfüllten sie die Bedingungen »starker« Theorien personaler Identität. Auf diesem Wege lassen sich dann Formen strafrechtlicher Zurechnung auf der Grundlage von Schuld und Verantwortlichkeit rechtfertigen, auch wenn sie nicht durch das Eigeninteresse eines zeitlich begrenzten Stadiums der Person legitimiert sind, die ja prinzipiell stets die Verantwortung für andere und zeitlich vorangegangene Stadien der Person ablehnen kann. Durch das Interesse an Kooperation und Stabilität aber wird der Gedanke personaler Identität als eine gesellschaftliche Institution gerechtfertigt, da durch personale Identität die Kooperation stabilisiert bzw. auf ein höheres Niveau gehoben wird, wozu als Bedingung eben auch die strafrechtliche Zurechenbarkeit von Handlungen an eine als identisch aufgefaßte Person gehört.

---

266 Vgl. zum folgenden M. Herrmann, Identität und Moral. Zur Zuständigkeit von Personen für ihre Vergangenheit, Berlin 1995, S. 84 ff.

Damit aber steht mit dem Schuldprinzip und seiner Grundlage in einer Konzeption von Handlungsfreiheit, wie wir sie konstitutiv einer Person zuschreiben, nicht nur die normative Grundlage des Strafrechts auf dem Spiel, sondern auch die Möglichkeit, die zentralen Begriffe des Moralischen zu verstehen. I. Berlin weist darauf hin, daß durch die Annahme eines Determinismus die zentralen Begriffe der Moral gleichsam »verdampfen« würden, da sie sich in diesem Fall als inkohärent oder zumindest unanwendbar zeigen müßten. Es bliebe nur noch die radikale Umdeutung moralischer Begriffe in ästhetische Kategorien bzw. in Begriffe der Konditionierung und Abrichtung.[267] Die Ablehnung des Schuldprinzips im Strafrecht würde damit also auch die Möglichkeit des moralischen Argumentierens zerstören. Dieser Zusammenhang könnte nur um den Preis einer radikalen Abschottung der normativen Prinzipien des Rechts von den Grundlagen moralischen Argumentierens aufgelöst werden.

Die Trennung kann allerdings nicht schon dadurch gelingen, daß die *Geltung* des Rechts mit philosophischen Gründen gegen moralische Einwände immunisiert wird, wie dies in der Kantischen Rechtsphilosophie der Fall ist. Nach Kant können die allgemeinen Gesetze, die die Freiheit des einen gegen den andern sichern, auch rein positive und durch Vernunft bzw. durch moralisches Argumentieren nicht begründete Gesetze sein. Sie gelten durch ihre bloße Setzung und vor dieser Geltung können auch moralische Einwände nicht schützen. Die „allgemeine und fortdauernde Friedensstiftung",[268] die durch das Recht geschaffen wird, würde durch den Rückfall in moralisch begründete Gewalt anstelle der Gesetzlichkeit zerstört.

Diese Abschottung des Rechts gegen die Moral aber ist selbst moralisch gefordert. Der rechtlich erlaubte moralische Widerstand gegen das Recht würde das Recht als solches dementieren, das ohne Rücksicht auf die inneren Beweggründe einer Handlung nur die Handlung als solche, wie sie als Veränderung der Außenwelt auftritt, beurteilt und sanktioniert. Dazu muß das Recht als oberste Gewalt auftreten können, gegen das kein Widerstandsrecht erlaubt ist. Im anderen Fall wäre ein Selbstwiderspruch gegeben, der diese Maxime nach dem Prinzip der widerspruchsfreien Universalisierbarkeit, wie es der kategorische Imperativ vorschreibt, als moralisch nicht akzeptabel verbieten würde. Kant drückt dies so aus: „Gegen diese Machtvollkommenheit noch einen Widerstand zu erlauben (der jene oberste Gewalt einschränkte), heißt sich selbst widersprechen; denn alsdann

267 I. Berlin, From Hope and Fear Set Free, in: ders., Concepts and Categories, London 1978, S. 173 ff, hier S. 183 f

268 I. Kant, Metaphysik der Sitten, a.a.O., S. 355

wäre jene (welcher widerstanden werden darf) nicht die gesetzliche oberste Gewalt, die zuerst bestimmt, was öffentlich recht sein soll oder nicht".[269]

Die Idee einer Staatsverfassung (polity) impliziert also bereits die Unabhängigkeit des Rechts von moralischen Einwänden, solange das Recht gilt. Damit wird allerdings nicht verlangt, daß das Recht nicht auf der Grundlage moralischer Ansprüche verändert werden dürfe. Eine solche Veränderung muß aber als eine *Reform* des Rechts stattfinden, durch die ein anderes Recht entsteht, so daß kein rechtloser Zustand eintritt und das Prinzip des Rechts ohne Unterbrechung gewahrt bleibt.

Diese Trennung zwischen Recht und Moral in der Kantischen Rechtsphilosophie impliziert allerdings nicht eine Unterscheidung zwischen einer auf den Konzepten Schuld, Freiheit und Verantwortlichkeit beruhenden Ethik und einer Rechtsbegründung, die ohne diese Konzepte gelingen könnte. Auch und gerade nach der Kantischen Rechtsphilosophie ist dem Strafrecht nur derjenige unterworfen, der insofern als »Täter« bezeichnet werden kann, als er für seine Handlungen aufgrund seiner Freiheit verantwortlich gemacht werden kann, weshalb er Schuld auf sich laden kann, für die – und nicht für die von ihm im physikalischen Sinne kausal bewirkten Veränderungen in der Welt – er bestraft werden kann und muß. Auch nach Kants Rechtsphilosophie kann ja ein unzurechnungsfähiger Täter nicht bestraft werden, auch wenn man auf Unzurechnungsfähigkeit zu Kants Zeit noch wesentlicher seltener plädieren konnte, als dies heute auf der Grundlage eines anderen Kenntnisstandes in Psychologie, Psychiatrie und Soziologie der Fall ist. Deshalb will und kann auch die Kantische Rechtsphilosophie nicht den Verdacht ausräumen, mit der Ausschließung des Schuldprinzips aus dem Strafrecht werde auch das moralische Argumentieren als solches ausgeschlossen.

7.6 Schuld, Freiheit und der Staat

Es stellt sich jedoch bei Akzeptierung des Schuldprinzips und damit der Wahlfreiheit des Täters in Bezug auf seine Handlungen die Frage, ob diese Freiheit *absolut* verstanden werden muß oder ob auch ein komparativer Begriff von Freiheit ausreicht, um sinnvoll von Schuld und Verantwortung sprechen zu können. Von »absoluter« Freiheit soll hier nicht im Sinne einer vollkommenen Freiheit die Rede sein, also nicht im Sinne einer Situation, in der der Mensch nicht nur seine Handlungsweisen, sondern auch alle Bedingungen dafür selbst wählen kann, also gewissermaßen die Geschichte selbst erschaffen kann, als deren Konsequenz sich seine Handlung darstellt. »Absolut« soll eine Freiheit heißen, die

269 I. Kant, Metaphysik der Sitten, a.a.O., S. 372

nicht in Graden oder Abstufungen ausgedrückt werden kann. In diesem Sinne ist sie nicht in ein System von Substitutionsbeziehungen einzufügen, in dem etwa ein Weniger an Freiheit durch ein Mehr an Wohlstand ausgeglichen werden kann. Eine »absolute« Freiheit in diesem Sinn ist also eine Freiheit, die nicht dem System der Ökonomie angehört, wobei »Ökonomie« den Zusammenhang von Tauschbeziehungen meint, in dem Werte jeder Art quantifiziert und damit gleichnamig und vergleichbar gemacht werden.

Freiheit im Sinne von *komparativer* Freiheit dagegen läßt Abstufungen und Substitutionsbeziehungen zu. In diesem Sinne kann etwa gesagt werden, wer in einem Land mit dem Recht zur freien Meinungsäußerung lebt, ist freier als jemand in einer Diktatur, in der die Verbreitung aller nicht-konformen Gedanken unterdrückt wird. Wenn dieser Begriff von Freiheit verwendet wird, so stellt sich das Verhältnis von Schuld und Determinismus anders dar, als wenn eine Konzeption absoluter Freiheit unterstellt wird. Morton White etwa führt aus, daß die Behauptung, ein Täter hätte auch anders handeln können und ist deshalb für seine Tat verantwortlich, keine antideterministische Theorie voraussetzt. Für die Verantwortlichkeit sei nicht entscheidend, daß eine Entscheidung überhaupt keine kausalen Bedingungsfaktoren habe. Würde dies verlangt, so müßten wir uns alle als unfrei betrachten, da wir etwa über die Ursachenkonstellation, die dazu geführt hat, daß wir überhaupt geboren wurden, nicht entscheiden konnten. Für einen strafrechtlich relevanten Begriff von Verantwortlichkeit genüge es vielmehr, daß die Handlungen von *bestimmten* Einflußfaktoren frei sind, die nicht unserer Macht unterliegen, wie z.B. Hypnose, Wahnvorstellungen oder fremder Nötigung.[270] Nach dieser Auffassung schließen sich in der gedanklichen Grundlage der Verantwortlichkeit und damit der Schuldfähigkeit Wahlfreiheit und Determinismus gegenseitig nicht notwendig aus.

Die strafrechtliche Zumessung von Strafen aufgrund der *Schuld* des Täters setzt also einen weitergehenden Begriff von Freiheit voraus, als dies bei einer Rechtfertigung des Strafrechts auf streng utilitaristischer Basis der Fall ist. In einer radikalen Auslegung kann die utilitaristische Straftheorie sogar völlig auf die Annahme von Freiheit verzichten. Sie muß dann aber in der Konsequenz den Gedanken einer Bestrafung des Unschuldigen integrieren können. Mit Bezug auf diese Frage wies Isaiah Berlin jedoch darauf hin, daß die Bestrafung für eine Handlung, die jemand nicht unterlassen *konnte*, nicht nur unfair, sondern vollständig unverständlich wäre. Die Strafe ohne Schuld, die wiederum Handlungsfreiheit voraussetzt, widerspricht damit nicht etwa nur der Rechts- bzw. Moralphilosophie, sondern zuvor schon der Methodologie historischen Verstehens.

270 Vgl. M. White, The Question of Free Will. A Holistic View, Princeton 1994, S. 51 f., S. 133 ff.

Nach I. Berlin stoßen wir also in dem Versuch, Menschen zu verstehen, die Strafen verhängen, obwohl sie gleichzeitig nicht annehmen, daß die betroffenen Rechtssubjekte auch anders hätten handeln können, auf eine unüberwindbare Grenze des historischen bzw. transkulturellen Verstehens.[271]

Damit ist unter zwei Aspekten die Frage nach der kulturellen, gesellschaftlichen und politischen Abhängigkeit der möglichen Formen einer Legitimation des Strafrechts gestellt. Wenn eine Handlung nur von *bestimmten* Einflußfaktoren frei sein muß, um sie als frei und damit den Täter als schuldfähig bezeichnen zu können, und wenn eine Bestrafung des Unschuldigen nur im Rahmen eines *bestimmten* kulturellen Kontextes unverständlich ist, so stellt sich die grundlegende Problematik der Rechtfertigung des Strafrechts dar als Problem der Vereinigung der Zweckbestimmung staatlichen Strafens mit den fundamentalen Vorstellungen über Freiheit, Verantwortlichkeit, Schuldfähigkeit und damit Personalität, wie sie innerhalb des gedanklichen Horizontes einer staatlichen Gemeinschaft konsensfähig sind.

Das Problem der Freiheit in einer staatlich verfaßten Gemeinschaft läßt sich im Anschluß an I. Berlin durch die Unterscheidung zwischen positiver und negativer Freiheit verstehen. Dabei ist zu beachten, daß Berlin allein die negative Freiheit als politisches Ideal aufgefaßt und ihr die positive Freiheit als eine inhumane und gefährliche Konzeption von Freiheit entgegengestellt hat.[272] Diese Entgegensetzung entspricht bei Berlin dem Unterschied zwischen monistischen und pluralistischen Werttheorien. Generell bedeutet negative Freiheit frei sein von den Eingriffen anderer in mein Recht zur Selbstbestimmung, sofern ein solcher Eingriff nicht für die Sicherung der Selbstbestimmung aller erforderlich ist. Negative Freiheit ist also Optionalität, d.h. die Offenheit von Möglichkeiten, sofern dadurch nicht die Möglichkeiten anderer beeinträchtigt werden. Positive Freiheit ist dagegen »bestimmte« Freiheit, die sich darstellt durch frei sein in der Verwirklichung eines Innersten der Persönlichkeit ohne Behinderung durch äußere Begrenzungen wie etwa politische oder gesellschaftliche Vorgaben. Deshalb gerät positive Freiheit jedoch leicht in die Nähe »paternalistischer« Konzeptionen, denen zufolge Zwang legitim ist im wohlverstandenen Eigeninteresse des Gezwungenen. Negative Freiheit dagegen schützt nicht die »weise« oder »vernünftige« Wahl, sondern die eigene Wahl als solche, unabhängig von ihrer Einschätzung als weise bzw. vernünftig durch andere.

Für die Rechtfertigung des Strafrechts bedeutsam wird diese Unterscheidung, wenn untersucht wird, welche Voraussetzungen kultureller und gedanklicher Art in einer staatlich verfaßten Gemeinschaft gegeben sein müssen, um einen Begriff

---

271 I. Berlin, Four Essays on Liberty, Oxford 1969, S. 58 ff, S. 142 f.
272 Vgl. I. Berlin, Four Essays on Liberty, Oxford 1969, S. 171.

von Verantwortlichkeit verstehen zu können, der die dem Retributionsgedanken zugrundeliegende Schuldkonzeption einleuchtend macht. Vergeltung ist im Unterschied zu allen Spielarten utilitaristischer Rechtfertigungen des Strafrechts auf einen Begriff von Schuld und Verantwortlichkeit angewiesen, der eine Konzeption menschlicher Freiheit als Möglichkeit, zwischen verschiedenen Handlungen wählen zu können, voraussetzt. Diese Freiheit ist eine staatlich gesetzte Freiheit, und der Gedanke eines Schuldstrafrechts ist deshalb nicht unabhängig von der politischen Wirklichkeit, in der sich die Freiheit des einzelnen realisieren kann. Damit unterscheidet sich die Verfassung des liberalen Rechtsstaates mit dem ihr zugehörigen negativen Begriff der Freiheit von allen Spielarten einer staatlichen Organisation, in der Freiheit positiv bestimmt ist.

Ein Vergeltungsstrafrecht erfordert einen wesentlich radikaleren Begriff von Freiheit als eine wie auch immer näher ausgestaltete utilitaristische Strafrechtsbegründung. Der liberale Rechtsstaat mit seiner vorwiegend negativen Freiheit scheint deshalb den utilitaristischen Gedanken nahezulegen. Eine staatliche Verfassung, die auf dem Begriff der positiven Freiheit begründet wird, sollte dagegen eher eine Affinität zu einem Schuldstrafrecht besitzen, insofern eine solche Strafrechtsbegründung einen weiter ausgreifenden Begriff von Freiheit voraussetzt. Dieser Begriff kann Freiheit nicht auf die Abwesenheit von staatlichen Eingriffen beschränken, die nur durch die Sicherung eben dieser Freiheit gerechtfertigt werden können, sondern muß Freiheit als Selbstbestimmung definieren, in der die Wahl zwischen Alternativen als ein Geschehen aufgefaßt wird, das sich im Innern des Individuums abspielt und dessen Unbegreiflichkeit und Unbestimmbarkeit durch äußere Faktoren das Individuum gerade als ein solches konstituiert.

Als Konsequenz aus diesen Überlegungen ergibt sich also, daß die Definition staatlicher Freiheit auch diejenige Freiheit des Individuums nicht unbeeinflußt läßt, die über die Rechtfertigungsmöglichkeiten des staatlichen Strafanspruchs entscheidet. In gewisser Weise handelt es sich also um einen rekursiven Prozeß. In einem solchen Prozeß wird ein Resultat im Bereich des staatlich organisierten Zusammenlebens erzielt, das im gleichen Akt auf eben die Individuen zurückwirkt, die dieses Resultat durch ihr Interagieren produziert haben. Die Individuen produzieren also, indem sie durch ihr Produzieren produziert werden. Auf die Rechtfertigung des Strafrechts angewandt bedeutet dies etwa, daß ein Selbstverständnis von Freiheit als negativer Freiheit ein Strafrecht mit einer Legitimation und einer entsprechenden Ausgestaltung erzeugen wird, das einerseits auf Freiheit als Autonomie und Selbstbestimmung durch das Innere der Person rekurriert, und das andererseits eine Konzeption eben dieser Freiheit erzeugen wird, die das Selbstverständnis der Individuen in einem wesentlichen Ausmaß bestimmen wird. Genau das Selbstverständnis, das eine bestimmte Legitimationsbasis bereitstellt, wird diese Legitimationsbasis auf dem Weg über die Begründung und Ausgestaltung des Strafrechts wieder erzeugen. Das gleiche gilt jedoch für ein Selbstverständnis von Freiheit als positiver Freiheit. Auch hier wird das Selbstverständnis zu einer Bestimmung und Begründung des Strafrechts führen, das durch seine Folgen eben jenes Selbstverständnis verstärken wird, auf dessen Grundlage es entstanden ist.

Die Begründung des Strafrechts als einer staatlichen Institution ist angemessen also nur aus dem rekursiv zu verstehenden Zusammenhang der Konzeptionen von Freiheit, Verantwortlichkeit, Personalität, Schuld und Strafrechtskonzeption zu begreifen. Die Legitimation des Strafrechts muß zu ihrer Aufklärung also Bezug nehmen auf die zugrundeliegenden Konzeptionen der Person und ihrer Freiheit. Daraus ist ihre Verantwortlichkeit und ihre Schuldfähigkeit zu verstehen, die wiederum über die normative Beurteilung retributivistischer bzw. utilitaristischer Strafrechtstheorien entscheidet.

8. Der Retributivismus und der »moralische Staat«

8.1 Retributivistische Ethik

Es ist aus den vorangegangenen Erörterungen deutlich geworden, daß eine retributionistische Strafrechtsbegründung unvergleichlich mehr metaphysische Gedankengänge in Anspruch nehmen muß, um die staatliche Kriminalstrafe zu rechtfertigen, als dies im Falle der Präventionstheorie der Fall sein muß. Insbesondere sollte die unterschiedliche Stoßrichtung der Gedankengänge einer retributionistischen Strafrechtsbegründung deutlich geworden sein. Diese nimmt eine ethische Statusbestimmung derjenigen Tat vor, die durch staatliche Normsetzung als ein strafbewehrtes Verbrechen definiert wird, und schreibt dem Staat und seinem Rechtssystem die ethische Befugnis zur Strafverhängung zu, weil der Staat die Aufgabe besitzt, solchen Taten die verdiente, gerechte oder angemessene Strafe zukommen zu lassen, die durch ihren inneren Unwert bestraft werden müssen. Der Staat exekutiert demnach eine Aufgabe, die letztlich durch eine ethische Begründung gefordert ist. Damit wird das Strafrecht aber begründet letztlich durch eine Überlegung, die nicht die Aufgaben des Staates abwägt und auf dieser Grundlage das staatliche Recht zur Strafzumessung begründet. Der Staat findet seine Stellung vielmehr erst in einer sekundären Bestimmung. Nachdem primär die ethische Notwendigkeit des Strafens festgesetzt wird, wird sekundär der Staat als Exekutor dieser außerstaatlichen Notwendigkeit bestimmt.

Es handelt sich bei der retributionistischen Straftheorie demnach grundsätzlich um eine ethische Theorie, die eine Moral ausarbeitet, der zufolge der Staat die Aufgabe besitzt, moralisch negativ zu bewertende Taten durch die staatliche Kriminalstrafe sanktionieren zu müssen. Überlegungen technischer Rationalität können in diesem Zusammenhang zwar eine Rolle spielen, aber sie dürfen nicht die zentrale Stelle in der Begründung des Strafrechts einnehmen, und wenn es zu einem Konflikt zwischen den beiden Rationalitätsformen kommt, so ist stets der ethischen Überlegung über die Notwendigkeit der Bestrafung von intrinsisch zu verurteilenden Taten der Vorrang einzuräumen. Ethische Überlegungen stehen in der Konzeption des Retributionismus also aus grundsätzlichen Erwägungen im Vordergrund der Begründung des Strafrechts und der Ausgestaltung des Systems der staatlichen Kriminalstrafe.

Der richtige Kern dieses ethischen Ansatzes bei der Rechtfertigung des staatlichen Strafanspruches bezieht sich letztlich darauf, daß die staatliche Kriminalstrafe ein Übel darstellt, das der Staat als Leiden dem Täter zufügt, also demjenigen, der eine Tat begangen hat, die nach der staatlichen Definition als Verbrechen bestimmt wurde. Wenn der Staat so das Ausmaß des Leidens willentlich und durch explizite Entscheidung erhöht, so bedarf es dafür einer ethischen Rechtfertigung. Der Retributionismus bietet eine solche Rechtfertigung an, indem er den Staat als eine Instanz auffaßt, die geeignet und verpflichtet ist, nach Maßgabe ethischer Normen dem Täter Leiden für solche Taten zuzufügen, die nach ihrem inneren ethischen Unwert und nach Kriterien der Gerechtigkeit einen »Ausgleich« durch jene Leidenszufügung verlangen. Er rechtfertigt die staatliche Leidenszufügung also, indem er den Staat und sein Strafrechtssystem selbst in den Zusammenhang eines ethischen Verhältnisses von Tat und Vergeltung einstellt. Er muß den Staat deshalb letztlich selbst als eine moralische Instanz auffassen, die moralisch und damit nach Kriterien praktischer Rationalität handelt.

Mit dieser ethischen Rechtfertigung des staatlichen Strafanspruchs ist noch eine wichtige Folge für den Status des Täters verbunden. Die staatliche Kriminalstrafe fügt dem Täter ein Leiden zu, für das es einer Rechtfertigung bedarf, ohne deren Gelingen dem Täter durch staatliche Handlungen ein Unrecht zugefügt wird. Die retributionistische Konzeption kann dieses Problem so weit auflösen, daß sie einen intrinsischen Zusammenhang zwischen dem Täter, seiner Tat und der staatlichen Strafe herstellt, in welchem dem Täter nichts zukommt, was ihn in Zusammenhänge rein technischer Rationalität einstellen würde, sondern nur das, was ihn als Subjekt praktischer Rationalität behandelt. Dem Täter widerfährt das, was er »ist«, d.h. das, wozu er sich durch seine Tat gemacht hat. So ist zu verstehen, daß retributionistische Positionen behauptet haben, mit der Strafe werde dem Täter nichts angetan, was ihm fremd ist, sondern mit ihr kehre nur die Tat zum Täter zurück und ihm geschehe nur das, was er durch die Tat als zu seinem Wesen gehörig zum Ausdruck gebracht hat. Insofern kann die retributionistische Konzeption dem Problem entgehen, daß der Staat durch die Kriminalstrafe einem Staatsbürger ein Leiden zufügt, für das dem Staat als einer rein technisch zu verstehenden Institution keine Legitimation zukommt.

Diese Problemlösung wird jedoch erkauft durch die Verpflichtung des Staates auf eine moralische Funktion. Man könnte dies auch so ausdrücken: die Lösung wird erkauft, indem die Strafrechtsbegründung übergreift auf eine spezielle Bestimmung des Wesens des Staates. Der Staat ist nach der retributionistischen Konzeption aufzufassen als eine wesentlich moralische Institution, deren Aufgabe unter der Perspektive des Strafrechts in der ethisch geforderten Bestrafung moralisch verdammenswerter Taten besteht. Die Strafrechtsbegründung entnimmt ihre Ratio damit letztlich aus einer Bestimmung des Wesens des Staates. Die staatliche Verfassung der Gesellschaft ist danach in erster Linie auf moralischer Grundlage zu verstehen. Daraus ergibt sich eine wichtige Folge. Ansatzpunkt für die Begründung des Staates und seiner Funktionen ist hier nicht das Individuum, das sich mit anderen Individuen in einer staatlichen Form vereinigt, um seine individuellen Zwecke effektiver im Sinne technischer Zweck-Mittel-Rationalität zu verfolgen. Eine solche Position des Individualismus in der Begründung des Staates muß der Retributionismus grundsätzlich ausschließen.

Der Staat kann sich zu seiner Rechtfertigung also nicht auf die Interessen der Staatsbürger berufen, die sich in ihm zusammengeschlossen haben. Letztlich kann eine solche Begründung, die zu einer retributionistischen Straftheorie führen kann, eine am Staatsbürger orientierte Bestimmung des Staates sogar ausschließen. Die Begründung des Staates muß letztlich gerade in umgekehrter Richtung verlaufen. Sie kann nicht beim vor-staatlichen Individuum ansetzen, das sich mit anderen und ebensolchen Individuen zusammenschließt, sondern sie muß stattdessen am Staat und seiner moralischen Grundlage selbst ansetzen, von der aus sie schließlich erst zu den Staatsbürgern gelangen kann. Primär in einer solchen Konzeption muß also die moralische Qualität des Staates sein, von der aus und durch die bestimmt die im Staat zusammengeschlossenen Individuen erst die Qualität der Staatsbürgereigenschaft erhalten können.

Die Problematik einer solchen moralischen Bestimmung des Staates von seiner primären ethischen Aufgabe her ist offensichtlich, nämlich daß damit gedankliche Zusammenhänge in Anspruch genommen werden, die sich aufgrund ihrer rein vernünftigen Qualität der Disposition durch die Staatsbürger entziehen wollen. Damit schließt die retributionistische Konzeption nach ihrer konsequenten Durchführung eine vertragstheoretische Begründung des Staates eigentlich aus. Diese Beschränkung gilt aber nicht nur für den – fiktiven – Gründungsakt des Staates in einem Vertrag, durch den die Gesellschaft sich eine staatliche Verfassung gibt, sondern sie gilt auch für die kontinuierliche Legitimation des Staatshandelns durch das Demokratieprinzip. Pointiert könnte gesagt werden, in einem konsequent nach dem Retributionsprinzip das Strafrecht begründenden Staat kann der Souverän nicht die in einem ursprünglichen Vertrag entstandene Gemeinschaft der Staatsbürger sein, sondern das verkörperte moralische Prinzip, das die Existenz des Staates als Garant für die Bestrafung des Bösen fordert.

8.2 Präventionistische Rationalität

Die Präventionstheorie des Strafrechts kann sich von jenen metaphysischen Gedankengängen über den intrinsischen Wert von Taten und über den ethisch geforderten Zusammenhang zwischen Verbrechen und staatlichen Kriminalstrafen frei wissen. Ihrem zentralen Gedanken zufolge sollen Strafen verhängt werden, um die Gemeinschaft der Staatsbürger vor solchen Leiden zu schützen, die durch

Verbrechen verursacht werden. Die ethische Rechtfertigung der Zufügung von Leiden an verurteilte Verbrecher liegt also in der utilitaristischen Konzeption der Inkaufnahme eines geringeren Leidens, wenn dadurch größeres Leiden für die große Zahl der Staatsbürger verhindert werden kann. Die ethische Begründung der Kriminalstrafe ist also die Minimierung von Leiden, die durch wissenschaftliche gestützte technische Ziel-Mittel-Rationalität bestimmt werden kann, indem solche Mittel ausgewählt werden, die nach bestem Wissen geeignet sind, künftige Verbrechen weniger wahrscheinlich zu machen.

Für den Täter bedeutet dies, daß er in der Tat nicht in einen Zusammenhang praktischer Rationalität, sondern in einen Zweck-Mittel-Zusammenhang eingestellt wird. Nach dem Prinzip der Generalprävention wird das ihm durch staatliche Maßnahmen zugefügte Leiden nicht durch intrinsische Bestimmungsgründe der von ihm verübten Tat festgelegt, sondern durch den äußerlichen Gesichtspunkt einer Zweck-Mittel-Rationalität. Die Präventionstheorie kommt damit in die Problemlage, daß sie nicht behaupten kann, dem Täter durch die staatliche Kriminalstrafe nur das anzutun, was ihm durch sein eigenes und in seiner Tat manifestiertes Wesen zukommt. Sie muß einräumen, daß der staatliche Akt des Strafens dem Täter etwas antut, das ihn zu einem Mittel macht und nicht zu einem Zweck in sich selbst. Daß hier ein Problem für die utilitaristische Konzeption liegt, wurde oben im Zusammenhang mit der moralphilosophischen Begründung der Retributionstheorie bei Kant ausgeführt und anerkannt.

Diese Problematik hängt jedoch eng mit der Konzeption des Staates und seiner Zwecke zusammen, die zu einer präventionistischen Strafrechtsbegründung führen. Anders als in der Retributionstheorie wird der Staat hier nicht auf der Grundlage eines übergeordneten Prinzips begründet, das ihn zur Ausführung ethischer Forderungen verpflichtet, sondern ausschließlich auf der Grundlage des Nutzenkalküls der Staatsbürger. Der Staat ist keine Veranstaltung auf metaphysischer und ethischer Grundlage, sondern eine Einrichtung zur Beförderung des größtmöglichen Glücks der größten Zahl seiner Bürger. Die Begründung geht hier also vom Prinzip des Individuums aus und führt von da zur staatlichen Ebene, auf der dieses Prinzip in den Bestimmungen der Staatszwecke aufbewahrt ist. Von dieser Zweckbestimmung her kann auf eine ethische Statusbestimmung von Taten, die durch staatliche Definition als Verbrechen bestimmt werden, verzichtet werden. Dem Staat kommt hier die letzte Bestimmungsmacht für diese Definition zu und im staatlichen Zusammenhang kann der staatlichen Bestimmung keine ethische Würdigung von Taten entgegengehalten werden, wenn es um die Strafwürdigkeit von Taten geht.[273]

---

273 Vgl. dazu die Ausführungen von E.Döring, Recht und Moral – Freiheit und Verantwortung, in: Rechtstheorie 27/1996, S. 157-176, der im Rückgriff auf Kant gerade

Wenn die Begründung des Staates und seines Strafanspruchs demnach von den den Staat ursprünglich vertraglich begründenden Individualbürgern ausgeht, die sich durch ihre Staatgründung zu Staatsbürgern machen, so kann das utilitaristische Prinzip aber grundsätzlich nach zwei Richtungen ausgeformt werden. Zum einen kann es auf der Grundlage des Nutzenkalküls bestimmt werden, wie es sich durch das Maß derjenigen Leiden ergibt, die durch Verbrechen resultieren. Die Präventionsstrafe entspricht dann dem ökonomischen Nutzenkalkül, indem sie das Glück der größten Zahl maximiert, indem sie die Zahl der Verbrechen bzw. das Leid, das durch sie verursacht wird, minimiert. Zum anderen aber können auch die motivationalen Zusammenhänge zwischen Verbrechen und Strafwünschen der Opfer und der nicht unmittelbar beteiligten Staatsbürger berücksichtigt werden. Die Ergebnisse bezüglich der Ausgestaltung des Strafrechts werden jedoch unterschiedlich sein. Im letzteren Fall kann eigentlich nicht mehr von einem rein präventionsorientierten Strafrecht die Rede sein, wohl aber von einem utilitaristischen, insofern die Rachewünsche für die Kalkulation des Nutzenergebnisses hinzugenommen werden.

Rachewünsche werden in der Regel als Forderungen nach Vergeltung geäußert, wenn sie in die Artikulationssysteme der Wünsche der Staatsbürger als solcher eintreten sollen. Das Bedürfnis nach Rache selbst geht in diese Systeme nur selten ein. Insofern gerät ein Präventionssystem aber aufgrund seiner Orientierung an den Wünschen der Staatsbürger, die vertragstheoretisch die Grundlagen des Staates und seines Bestandes darstellen, in der sozialen Wirklichkeit in das Problem der Berücksichtigung von solchen Forderungen aus dem gesellschaftlichen Raum, die es aufgrund seiner inhärenten Logik eigentlich nicht berücksichtigen kann. Die in der Praxis gefundene Lösung für das Strafbegründungsproblem in den demokratischen Staaten stellt deshalb eine Kombination von Prävention mit Vergeltungselementen dar. Dies zeigt sich schon daran, daß die Strafzumessung nie nur Präventionsgesichtspunkte berücksichtigt, sondern ebenso die Schwere der Schuld und die ethische Verwerflichkeit der zu bestrafenden Tat, unabhängig von der Berücksichtigung des präventionstheoretisch allein heranzuziehenden ökonomischen Kalküls hinsichtlich der realistischerweise anzunehmenden abschreckenden Wirkung.

---

das Recht als Grundlage der Moral bezeichnet, weil es die Basis derjenigen Freiheit darstellt, die erst Moral ermöglicht.

8.3 Eklektizistische Straftheorie

Daraus wurde die Folgerung gezogen, die Konzentration auf einen einzigen Strafzweck aufzugeben und eine eklektizistische Straftheorie heranzuziehen, in der verschiedene Strafzwecke nach ihrem relativen Recht berücksichtigt werden. Worum es dabei geht, „ist nicht einen dieser möglichen Aspekte zu leugnen, sondern allein, sich seiner Verabsolutierung zu widersetzen.“[274] Stratenwerth weist hier darauf hin, daß ein einheitlicher Strafzweck im Grunde nur auf hohem Abstraktionsniveau formuliert werden könne, etwa dahingehend, „daß das Strafrecht jedenfalls die eine Aufgabe hat, für die kontrollierte Abwicklung des Konflikts zu sorgen, den der Normbruch darstellt.“[275] Er schließt daraus, daß zwischen diesen Zwecken keine Einheit hergestellt werden kann, die in der Sache nicht begründet ist. Die Straftheorie soll dann „den Rahmen bilden, in dem alle diese Aspekte zu ihrem Recht kommen, mit der Freiheit, sie je nach dem Stande unserer empirischen Kenntnisse und theoretischen Einsichten zu ergänzen und zu revidieren, der vor allem dazu zwingt, die normativen Entscheidungen, die der Anerkennung und der Einstufung möglicher Strafzwecke zugrundeliegen, immer wieder zu überprüfen.“[276]

Mit der gleichen Zielrichtung weist J.-C. Wolf darauf hin, daß ein »einäugiger« Präventionismus fast zwangsläufig die Folge hat in einer „Effizienzsteigerung der Verbrechensbekämpfung auf Kosten der Freiheit, Selbstachtung und der Sicherheit unschuldiger Bürger vor unverhältnismäßiger Überwachung, Repression und Viktimisierung.“[277] Dem entspricht die Realität der sog. »Vereinigungstheorie«, die von der Rechtsprechung und der h.L. heute weitgehend vertreten wird. Demnach sind Vergeltung, Spezial- und Generalprävention nebeneinander zu verfolgende Strafzwecke. Vom Reichsgericht wurde hier zunächst der Sühnegedanke in den Mittelpunkt gerückt und der Abschreckungszweck daneben gestellt.[278] Dagegen hat das BVerfG in seiner Formulierung der Vereinigungstheorie Vergeltung, Spezial- und Generalprävention weitgehend gleichrangig gesehen: „Das Bundesverfassungsgericht hat sich wiederholt mit Sinn und Zweck des staatlichen Strafens befaßt, ohne zu den in der Wissenschaft vertretenen Straftheorien grundsätzlich Stellung zu nehmen. ... Es hat als allgemeine Aufgabe des Strafrechts bezeichnet, die elementaren Werte des Gemeinschaftslebens zu schüt-

---

274 Günter Stratenwerth, Was leistet die Lehre von den Strafzwecken?, Berlin/New York 1995, S. 20

275 a.a.O.

276 a.a.O., S. 21

277 J.-C. Wolf, Utilitarismus, Pragmatismus und kollektive Verantwortung, Freiburt 1993, S. 191

278 RGSt 58, 109

zen. Schuldausgleich, Prävention, Resozialisierung des Täters, Sühne und Vergeltung für begangenes Unrecht werden als Aspekte einer angemessenen Strafsanktion bezeichnet.“[279]

Der Bundesgerichtshof hat abweichend davon zwar auch die Vereinigungstheorie vertreten, aber doch hinzugefügt, die spezialpräventive Klausel der Strafzumessungsvorschrift in § 46 Abs. 1 S. 2 StGB lasse „eine bedeutsame Schwerpunktverlagerung auf den spezialpräventiven Gesichtspunkt erkennen“.[280] Dies ist im übrigen zu unterscheiden von der präventiven Vereinigungstheorie von Roxin, der explizit eine dialektisch übergreifende Konzeption mit der Zielsetzung einer Synthese sucht, dann jedoch Spezial- und Generalprävention als Strafzwekke nebeneinander gestellt sehen will, wobei die Vergeltung auch neben der Prävention nicht in Betracht kommen soll.[281] Von einer Vereinigungstheorie kann also hier im Grunde nicht die Rede sein.[282]

H.L.A. Hart dagegen geht in seiner Vereinigungstheorie mit einem anderen Problem als dem der Begründung der Kriminalstrafen um, nämlich mit dem Problem der Erklärung der herrschenden komplexen institutionellen Praxis des Sanktionierens. Eine solche Erklärung gelingt in der Tat nur, wenn man sie auffaßt als durch verschiedene und gleichrangige Prinzipien konstituiert, die sich einerseits einschränkend ergänzen, andererseits aber auch konfligieren.[283] Allerdings unterbietet Hart den Gedanken der Vergeltung, wie er in den Retributionstheorien entwickelt und enthalten ist, beträchtlich, wenn er Vergeltung in das Strafrechtssystem einführen will, indem er auf den Unterschied zwischen der Vergeltung als Strafziel und als „einfache Forderung, daß nur diejenigen bestraft werden dürfen, die das Recht gebrochen haben“, hinweist.[284]

Diese Versuche einer Vereinigung des Unvereinbaren ändern auf theoretischer Ebene und auf der Ebene der Funktionsbestimmung des Staates jedoch nichts an den Ausführungen über die genuin moralische Qualität der Strafrechtstheorie und der entsprechenden Staatskonzeption im Falle der Retributionstheorie. Der Staat und sein Strafrecht wird damit mit erheblich höheren metaphy-

279 BVerfGE 45, 187 (253f)

280 BGHSt 24, 40 (42)

281 Roxin, Strafrecht, AT I, Rn. 36 ff

282 Vgl. darüber hinaus die Darstellung der Vereinigungstheorien von A. Merkel und R.v.Hippel bei H. Koriath, Über Vereinigungstheorien als Rechtfertigung staatlicher Strafe, in: Jura 1995, 625-635.

283 H.L.A. Hart, Prolegomena zu einer Theorie der Strafe, in: ders., Recht und Moral, S. 58-86

284 H.L.A. Hart, a.a.O., S. 66. Gegen Harts Versuch, den Handlungsbegriff mit dem der Verantwortung zu verbinden, kann jedoch die Unschärfe des Verantwortungsbegriffs eingewandt werden; vgl. dazu Nida-Rümelin, J., Kritik des Konsequentialismus, München 1995, S. 30.

sischen Zumutungen belastet als dies im Falle der utilitaristisch begründeten Vergeltungstheorie notwendig ist. Die Anforderungen an die Freiheitsbegründung des Staates sind hier entsprechend geringer. Der Staat kann in diesem Fall nicht mehr als Garant der Freiheit gerechtfertigt werden, wie dies Kants Anliegen war, der den Staat letztlich als die Organisation auszeichnete, die dem Recht als Vereinigung der Freiheit des einen mit der Freiheit des anderen Durchsetzungskraft durch seine Zwangsbefugnis verschafft, wobei das Recht nur dann nicht utilitaristisch aufgefaßt werden kann, wenn im Gegensatz zu einer präventionistischen Strafbegründung die Strafe aus intrinsischen Motiven der Tat selbst gerechtfertigt werden muß, was bei Kant die Gestalt des Gedankens annimmt, damit werde gegen das Recht verstoßen, das erst die Freiheit und die Personalität der Menschen garantieren kann, weswegen es einer Abwägung entzogen sein muß.[285] Der Staat muß vergeltungstheoretisch notwendig als eine moralische Anstalt aufgefaßt werden, die aus ethischen Gründen die Aufgabe besitzt, moralisch zu verurteilendes Verhalten mit Strafe zu belegen, also demjenigen, der gegen ethische Normen verstoßen hat, Leiden zuzufügen, insoweit diese ethischen Normen in strafrechtliche Normen Eingang gefunden haben.[286]

Dieser Status wird durch eine empirische Erklärung der Strafzwecke der westlichen Gesellschaften, wie sie Harts Theorie zugrundeliegt, nicht aufgehoben. Allerdings wird der Theorie auf dem Gebiet der Strafbegründung hier ihr tatsächlicher Status deutlich gemacht. Gerade weil der demokratische Staat pluralistisch verfaßt ist und eine Vielzahl von ethischen, normativen, theoretischen und weltanschaulichen Motiven aushalten können muß, ist unter Funktionsgesichtspunkten des Strafrechts sicherlich eine Vereinigungstheorie der zwar nicht theoretisch, aber doch pragmatistisch naheliegende Schluß. Es sollte jedoch nicht behauptet werden, darin liege eine »Vereinigungstheorie«. Mit dem Begriff der Vereinigung wird das Aufheben von Widersprüchen und Unvereinbarkeiten in einer einheitlichen und konsistenten Theorie gedacht. Eine solche Vereinigung fordert die pragmatistisch angezeigte Lösung gerade nicht. Es liegt daher näher,

285 Vgl. dazu die Ausführungen in E.Döring/W.Döring, Philosophie der Demokratie bei Kant und Popper. Zum Verhältnis von Freiheit und Verantwortung, Berlin 1995, insbes. S. 249 ff.

286 Insbesondere J. Nida-Rümelin macht darauf aufmerksam, daß im Zentrum der Kritik an einer konsequentialistischen Straftheorie das Problem der Koordination stehen muß, das aus der sinnvollen Einfügung individuellen Handelns in bestimmte Handlungsstrukturen entsteht. Der konsequentialistische Ansatz kann gerade der Forderung nicht gerecht werden, jenen beiden Orientierungspunkten des ethischen Diskurses gerecht zu werden, die im ‚guten Leben' einerseits und in der ‚wohlgeordneten Gesellschaft' andererseits bestehen (Nida-Rümelin, J., Kritik des Konsequentialismus, München 1995, S. 187).

sie als eklektizistisch zu bezeichnen und diese Charakterisierung nicht unter dem Titel einer Vereinigung zu verstecken.

Es sollte aber auch beachtet werden, daß das retributionistische Element eines solchen Eklektizismus gerade derjenigen Situation des Pluralismus widerspricht, aus dem diese Position ihre Kraft bezieht. Es handelt sich gerade um einen der Widersprüche, die den Begriff einer Vereinigungstheorie ausschließen. Die Retributionstheorie steht gerade in scharfem Gegensatz zu einer Position des Pluralismus auf dem Gebiet der Normen und der ethischen Überzeugungen. Im Unterschied zum Präventionismus kann sie den intrinsischen Wert von Taten nicht in der Orientierung am Nutzenkalkül des größten Glückes der größten Zahl finden, wobei die Begriffe des Glückes prinzipiell offen bleiben können und nicht paternalistisch vorgeschrieben werden müssen. Der Retributionismus muß den ethischen Wert einer Tat eindeutig und ethisch verbindlich beschreiben können, wenn er die ihr entsprechende Vergeltung und den ethischen Zusammenhang zwischen der Tat und ihrer Strafe festlegen können will. Insofern widerspricht der Retributionismus gerade der Situation des demokratischen Pluralismus, den die Position eines nicht-vereinigungstheoretischen Eklektizismus in Rechnung zu stellen sucht. Ein Eklektizismus mit der Anerkennung retributionistischer Elemente im Strafrecht auf der Grundlage pragmatistischer Erwägungen in der Situation eines demokratischen Staates ohne Befugnis zur Setzung verbindlicher ethischer Normen und damit mit einem Strafrecht, das sich nicht aus einem durchgehenden Zusammenhang mit ethischen Letztbegründungen rechtfertigen kann, muß also Widersprüche aushalten können, die gerade aus dem retributionistischen Prinzip selbst stammen.

Literaturverzeichnis

Acton, H.B., Negative Utilitarianism, in: Proceedings of the Aristotelian Society, Supplement 37, 1963, S. 83-94

Aertsen, I., Mediation bei schweren Straftaten - auf dem Weg zu einer neuen Rechtskultur?, in: Pelikan, Christa, Hrsg., Mediationsverfahren, Baden-Baden 1999, 115-138

Albrecht, B., Mediation im Arbeitsrecht, Frankfurt/Main 2001

Alwart, H., Recht und Handlung, Tübingen 1987

Ashby, R., An Introduction to Cybernetics, London 1961

Bales, R.E., Act-Utilitarianism. Account of Right-making Characteristics or Decision-making Procedure?, in: American Philosophical Quarterly 1971, S. 257-265

Bannenberg, B./Uhlmann, P., Die Konzeption des Täter-Opfer-Ausgleichs in Wissenschaft und Kriminalpolitik, in: Täter-Opfer-Ausgleich in Deutschland. Bestandsaufnahme und Perspektiven, hrsg. vom Bundesministerium der Justiz, Mönchengladbach 1998, 1-47

Bauer, Y., Täter-Opfer-Ausgleich in der Kritik, Oldenburg 1997

Baumann/Weber/Mitsch, Strafrecht. Allgemeiner Teil, 10. Auflage 1995

Baumann, J., u.a., Alternativentwurf Wiedergutmachung, München 1992

Beer, S., Decision and Control, London/New York 1966

Benda, E., Resozialisierung als Verfassungsauftrag, in: FS für Hans Joachim Faller, München 1984, S. 307-324

Benn, St.I., An Approach to the Problems of Punishment, in: Philosophy 33/1958, 325 ff

Benn, St.I., Punishment, in: Encyclopedia of Philosophy, vol. 7, New York 1967

Bentham, J., A Fragment on Government, London 1951

Bentham, J., An Introduction to the Principles of Morals and Legislation, in: ders., Works, vol. I, New York 1948

Bentham, J., Principles of Penal Law, in: ders., Works, vol. I, New York 1948

Berlin, I., Four Essays on Liberty, Oxford 1969

Berlin, I., From Hope and Fear Set Free, in: ders., Concepts and Categories, London 1978, S. 173 ff

Beulke, Strafprozeßrecht, 4. Auflage 2000

Bonger, W.A., An Introduction to Criminology, London 1936.

Bottke, W., Was bleibt von der Resozialisierung übrig?, in: Boor, Wolfgang de/Frisch, Wolfgang/Rode, Irmgard, Hrsg., Resozialisierung - Utopie oder Chance, Köln 1995, S. 43-50

Brandt, R.B., Ethical Theory, Englewood Cliffs 1959

Breidenbach, St./Henssler, M., Mediation für Juristen, Köln 1997

Bundesministerium der Justiz, Hrsg., Täter-Opfer-Ausgleich, Kurzfassung des 1997 vorgelegten Gutachtens der Forschungsgruppe Täter-Opfer-Ausgleich für das Bundesministerium der Justiz, Mönchengladbach 1998

Burgh, R.W., Reparation and the Criminal Law, in: Archiv für Rechts- und Sozialphilosophie, Beiheft 24/1985, S. 221 ff

Burgh, R.W., Do the Guilty Deserve Punishment?, in: The Journal of Philosophy 79/1982, 193-210

Coing, H., Benthams Bedeutung für die Entwicklung der Interessenjurisprudenz und der allgemeinen Rechtslehre, in: Archiv für Rechts- und Sozialphilosophie 1968, S. 69-88

Corlett, J.A., Making Sense of Retributivism, in: Philosophy 76/2001, p. 77-110

Cottingham, J., Varieties of Retribution, in: The Philosophical Quarterly 29/1979, pp. 238-246

Crimmins, J., Bentham on Religion. Atheism and the Secular Society, in: Journal of the History of Ideas 1986, S. 95-110

David, H., Rights and Wrongs, Susquehanna 1986

Denzer, H., Moralphilosophie und Naturrecht bei Samuel Pufendorf, München 1972

Diez, H., Was ist Mediation?, in: Krabbe, Heiner, Scheidung ohne Richter - Neue Lösungen für Trennungskonflikte, Hamburg 1995

Dölling, D., Täter-Opfer-Ausgleich in Deutschland, 1998

Dölling, D., Der Täter-Opfer-Ausgleich, JZ 1992, 493-499

Dölling, D., Generalprävention durch Strafrecht: Realität oder Illusion?, in: ZStW 1990, 1-20

Döring, E./Döring, W., Philosophie der Demokratie bei Kant und Popper. Zum Verhältnis von Freiheit und Verantwortung, Berlin 1995

Döring, E., Recht und Moral - Freiheit und Verantwortung, in: Rechtstheorie 27/1996, S. 157-176

Dorschel, A., Die idealistische Kritik des Willens: Versuch über die Theorie der praktischen Subjektivität bei Kant und Hegel, Hamburg 1992

Dreher, E./Tröndle, H., Strafgesetzbuch und Nebengesetze, München, 50. Auflage 2001

Eidenmüller, H., Vertrags- und Verfahrensrecht der Wirtschaftsmediation, Köln 2001

Eisenberg, U., Kriminologie, Köln 1995

Enderlein, W., Abwägung in Recht und Moral, Freiburg u.a. 1992
Ewing, A.C., The Morality of Punishment, Montclair 1970
Eyer, E., Alternative Strategie zur Konfliktlösung, AuA 2000, S. 308 ff.
Feinberg, J., Action and Responsibility, in: M. Black, ed., Philosophy in America, London 1965, S. 134-160; übersetzt als »Handlung und Verantwortung«, in: G. Meggle, Hrsg., Analytische Handlungstheorie, Bd. 1, Frankfurt/Main 1977, S. 186-224
Fietkau, H.-J., Leitfaden Umweltmediation, Schriften zu Mediationsverfahren im Umweltschutz, Nr. 8, WZB-Veröffentlichung FS II, 94-323, Berlin 1994
Frehsee, D., Täter-Opfer-Ausgleich aus rechtstheoretischer Perspektive,in: BMJ 1991, 51-60
Frehsee, D., Wiedergutmachung, in: Sieverts, Rudolf/Schneider, Hans Joachim, Hrsg., Handwörterbuch der Kriminologie, Bd. 5, 391-405
Feuerbach, P.J.A., Versuch über den Begriff des Rechts, in: Philosophisches Journal einer Gesellschaft Teutscher Gelehrter, Neustrelitz 1795, Bd. 2, 6. Heft, S. 138 ff.
Gähde, U., Zum Wandel des Nutzenbegriffs im klassischen Utilitarismus, in: Gähde, Ulrich/Schrader, Wolfgang H., Hrsg., Der klassische Utilitarismus, Berlin 1992, S. 83-110
Gahringer, R.E., Punishment and Responsibility, in: The Journal of Philosophy, 66/1969, p. 291ff
Geach, P.Th., Ascriptivism, in: The Philosophical Review 69/1960, S. 221-225; übersetzt als »Der Askriptivismus«, in: G. Meggle, Hrsg., Analytische Handlungstheorie, Bd. 1, Frankfurt/Main 1977, S. 239-245
Geismann, G., Kant als Vollender von Hobbes und Rousseau, in: Der Staat 27/1982, S. 161-189
Gillin, J.L., Criminology and Penelogy, Westport/Conn. 1945.
Gottwald, W., Modelle der freiwilligen Streitschlichtung unter besonderer Berücksichtigung der Mediation, WM 1998, S. 1257 ff.
Grünhut, M., Anselm von Feuerbach und das Problem der strafrechtlichen Zurechnung, Aalen 1978, Neudruck der Ausgabe Hamburg 1922
Haffke, B., Gibt es ein verfassungsrechtliches Besserungsverbot?, in: MschrKrim 1975, S. 246-261
Hampton, J., Correcting Harms vs. Righting Wrongs. The Goal of Retribution, in: UCLA Law Review 1992, pp. 1659-1702
Hardwig, W., Die Zurechnung. Ein Zentralproblem des Strafrechts, Hamburg 1957
Hargrove, E. C., The Role of Rules in Ethical Decision Making, in: Inquiry 1985, S. 3-42

Hart, H.L.A., Prolegomena zu einer Theorie der Strafe, in: ders., Recht und Moral, S. 58-86
Hart, H.L.A., The Ascription of Responsibility and Rights, in: Proceedings of the Aristotelian Society 49/1948, S. 171-194
Hartmann, P., Das neue Gesetz zur Förderung der außergerichtlichen Streitbeilegung, NJW 1999, S. 3745 ff
Hassemer, E./Marks, E./Meyer, K., Hrsg., Zehn Jahre Täter-Opfer-Ausgleich und Konfliktschlichtung, Bonn 1997
Hassemer, W., Resozialisierung und Rechtsstaat, in: KrimJ 1982, S. 161 ff
Hassemer, E., Praktische Erfahrungen mit dem Täter-Opfer-Ausgleich - Befunde und Konsequenzen, in: Täter-Opfer-Ausgleich in Deutschland. Bestandsaufnahme und Perspektiven, hrsg. vom Bundesministerium der Justiz, Mönchengladbach 1998, 373-432
Hegel, G.W.F., Vorlesungen über Rechtsphilosophie 1818-1831, hrsg. v. Ilting, Bd. 3, 1974 (Vorlesungsnachschrift von H.G. Hotho, 1822-1823).
Hegel, G.W.F.,Grundlinien der Philosophie des Rechts, Theorie Werkausgabe, Frankfurt/Main Bd. 7
Henberg, M., Retribution. Evil for Evil in Ethics, Law, and Literature, Philadelphia 1990
Henrich, D., Ethik der Autonomie, in: ders., Selbstverhältnisse, Stuttgart 1982, S. 6-56
Hentig, H.v., Crime: Causes and Condition, New York/London 1947.
Herrmann, M., Identität und Moral. Zur Zuständigkeit von Personen für ihre Vergangenheit, Berlin 1995
Herzberg, R. D., Grund und Grenzen der Strafbefreiung beim Rücktritt vom Versuch - von der Strafzwecklehre zur Schulderfüllungstheorie, in: Puppe, Ingeborg/Tenckhoff, Jörg, Hrsg., FS für Karl Lackner zum 70. Geburtstag, Berlin u.a. 1987, 325-366
Hoerster, N., Präventionstheorien der Strafe in der britischen Aufklärungsphilosophie, in: Zeitschrift für die gesamte Strafrechtswissenschaft 85/1973, S. 220 ff
Höffe, O., Zur Theorie des Glücks im klassischen Utilitarismus, in: ders., Ethik und Politik. Grundmodelle und Probleme der praktischen Philosophie, Frankfurt/Main 1979, S. 120-159
Höffe, O., Kants Begründung des Rechtszwangs und der Kriminalgesetze, in: Reinhard Brandt, Hrsg., Rechtsphilosophie der Aufklärung, Berlin/New York 1982, 335-375
Höffe, O., Einführung in die utilitaristische Ethik, Tübingen 1992
Hoffmeyer, C., Grundrechte im Strafvollzug. Verfassungsrecht als kriminalpolitischer Beitrag zur Reform des Strafvollzuges, Karlsruhe 1979

Honderich, T., Punishment, the New Retributivism, and Political Philosophy, in: A. Phillips Griffiths, ed., Philosophy and Practice, Cambridge University Press 1984, pp. 117-145

Honig, R., Kausalität und objektive Zurechnung, in: A. Hegler, Hrsg., Beiträge zur Strafrechtswissenschaft, Festschrift für R.v. Frank, Bd. 1, Tübingen 1930, Nachdruck Aalen 1969, S. 174-201

Hruschka, J., Strukturen der Zurechnung, Berlin/New York 1976

Hruschka, J., Verhaltensregeln und Zurechnungsregeln, in: Rechtstheorie 22/1991, S. 449-460

Jakobs, G., Der strafrechtliche Handlungsbegriff, München 1992

Jakobs, G., Regreßverbot beim Erfolgsdelikt, in: Zeitschrift für die gesamte Staatswissenschaft 89/1977, S. 1-35

Janowski, B., Die Tat kehrt zum Täter zurück, in: Zeitschrift für Theologie und Kirche 91/1994, S. 247-271

Joerden, J.C., Zwei Formeln in Kants Zurechnungslehre, in: Archiv für Rechts- und Sozialphilosophie 77/1991, S. 525-538

Kaiser, G., Kriminologie, Heidelberg 1995

Kant, I., Moralphilosophie - Vorlesungsnachschrift von Collins, Werke in der Akademieausgabe, Bd. 27/1

Kant, I., Metaphysik der Sitten, in: Akademieausgabe Bd. VI

Kant, I., Kritik der praktischen Vernunft, Akademieausgabe

Kant, I.,Grundlegung zur Metaphysik der Sitten, Akademieausgabe Bd. IV

Kargl, W., Kritische Anmerkungen zum Vertragsgedanken im Strafprozeß, in: Pelikan, Christa, Hrsg., Mediationsverfahren, Baden-Baden 1999, 93-114

Kaufmann, M., imputabilitas als Merkmal des Moralischen. Die Diskussion bei Duns Scotus und Wilhelm von Ockham, in: Jahrbuch für Recht und Ethik 2/1994, S. 55-66

Kaulbach, F., Immanuel Kants »Grundlegung zur Metaphysik der Sitten«. Interpretation und Kommentar, Darmstadt 1988

Kaulbach, F., Studien zur späten Rechtsphilosophie Kants und ihrer transzendentalen Methode, Würzburg 1982

Kelsen, H., Kausalität und Zurechnung, in: H. Klecatsky u.a., Hrsg., Die Wiener Rechtstheoretische Schule, Bd. 1, Wien 1968, S. 663-692

Kelsen, H., Reine Rechtslehre, Wien 1960

Kerner, H.-J., u.a., Täter-Opfer-Ausgleich im Jugendstrafrecht, in: BewHi 1990, S. 169-176

Kersting, W., Wohlgeordnete Freiheit. Immanuel Kants Rechts- und Staatsphilosophie, Berlin 1984

Kindhäuser, U., Personalität, Schuld und Vergeltung, in: Goltdammers Archiv für Strafrecht 136/1989, 493-507

Kleinig, J., Punishment and Moral Seriousness, in: Israel Law Journal 25/1991, pp. 401-421
Kliemt, E.,Kliemt, H., Schutz und Gefährdung durch die staatliche Kriminalstrafe, in: Analyse und Kritik, 1981, S. 171 ff
Köhl, H., Kants Gesinnungsethik, Berlin 1990
Köhler, W.R., Zur Geschichte und Struktur der utilitaristischen Ethik, Frankfurt/Main 1979
Koriath, H., Über Vereinigungstheorien als Rechtfertigung staatlicher Strafe, in: Jura 1995, 625-635
Koriath, H., Grundlagen strafrechtlicher Zurechnung, Berlin 1994
Kraut, R., Two Concepts of Happiness, in: The Philosophical Review 1979, S. 167-197
Küsters, G.-W., Kants Rechtsphilosophie, Darmstadt 1988
Lacey, N., Punishment, Justice and Consequentialism, in: Archiv für Rechts- und Sozialphilosophie, Beiheft 19/1984, S. 21 ff.
Larenz, K., Hegels Zurechnungslehre und der Begriff der objektiven Zurechnung, Leipzig 1927
Lenk, H., Handlung als Interpretationskonstrukt, in: H. Lenk, Hrsg., Handlungstheorien interdisziplinär, Bd. II,1, München 1978, S. 279-350
Leutheusser-Schnarrenberger, S., Wege zur Justizentlastung, NJW 1995, S. 2441 ff.
Loening, R., Die Zurechnungslehre des Aristoteles, Jena 1903
Lörcher, G., Das neue Recht der Schiedsgerichtsbarkeit, DB 1998, S. 245 ff
Luhmann, N., Vertrauen. Ein Mechanismus der Reduktion sozialer Komplexität, Stuttgart 1968
Luhmann, N., Komplexität, in: ders., Soziologische Aufklärung 2, Opladen 1975, S. 204-220
Luhmann, N., Rechtssoziologie, Bd. 1, Hamburg 1972
Luhmann, N., Wirtschaft als soziales System, in: ders., Soziologische Aufklärung 1, Köln/Opladen 1970, S. 204-231
Luhmann, N., Sinn als Grundbegriff der Soziologie, in: J. Habermas, N. Luhmann, Theorie der Gesellschaft oder Sozialtechnologie - Was leistet die Systemforschung?, Frankfurt/Main 1971, S. 25-100
Luhmann, N., Soziale Systeme, Frankfurt/Main, 1984, S. 58 ff.
Luhmann, N., Zweckbegriff und Systemrationalität, Tübingen 1973
Luhmann, N., Systemtheorie, Evolutionstheorie und Kommunikationstheorie, in: ders., Soziologische Aufklärung 2, Opladen 1975, S. 193-203
Lyons, D., In the Interest of the Governed. A Study in Bentham's Philosophy of Utility and Law, Oxford 1991

Mackie, J. L., Morality and the Retributive Emotions, in: ders., Selected Papers, vol. II, Oxford 1985
Mackie, J.L., Retributivism. A Test Case for Ethical Objectivity, in: J. Feinberg/H. Gross, Hrsg., Philosophy of Law, Belmont (California), S. 622 ff
Martin, C.-P., Das Sühneverfahren vor dem Schiedsmann in Strafsachen, Lübeck 1988
Matt, E., Täter-Opfer-Ausgleich und »reintegration ceremony«. Auf der Suche nach einer angemessenen Reaktion auf Jugenddeliquenz, in: Monatsschrift für Kriminologie und Strafrechtsreform 1997, 255-267
Mergen, A., Kriminologie, München 1995
Mitsch, Mitbeschuldigter und Zeugnisverweigerungsrecht, in: FS für Theodor Lenckner, 1998, S. 721 ff
Montada, L., Gerechtigkeit und Rechtsgefühl in der Mediation, in: Dieter, Anne/Montada, Leo/Schulze, Annedore, Hrsg., Gerechtigkeit im Konfliktmanagement und in der Mediation, Frankfurt/New York 2000, 37-62
Müller-Dietz, H., Abschied vom (Re-)Sozialisierungsgedanken?, in: Boor, Wolfgang de/Frisch, Wolfgang/Rode, Irmgard, Hrsg., Resozialisierung - Utopie oder Chance, Köln 1995, S. 77-98
Müller-Dietz, H., Grundfragen des strafrechtlichen Sanktionensystems, Heidelberg 1979
Müller-Emmert, A., Resozialisierung als Verfassungsauftrag, in: DRiZ 1976, S. 65 ff
Nemerson, St. S., Criminal Liability without Fault. A Philosophical Perspective, in: Columbia Law Review 1975, S. 1517 ff
Neumann, U., Folgenorientierte versus schuldorientierte Strafzumessung, in: H. Jung, Hrsg., Rechtsbegründung - Rechtsbegründungen, FS für G. Ellscheid, Baden-Baden 1999, S. 118-125
Neumann, U., Zurechnung und Vorverschulden. Vorstudien zu einem dialogischen Modell strafrechtlicher Zurechnung, Berlin 1985.
Neumann, U./U. Schroth, Neuere Theorien von Kriminalität und Strafe, Darmstadt 1980
Nida-Rümelin, J., Kritik des Konsequentialismus, München 1995
Nisters, Th., Kants Kategorischer Imperativ als Leitfaden humaner Praxis, Freiburg/München 1989
Nozick, R., Philosophical Explanations, Harvard University Press 1981
Oberer, H., Begründungsaspekte der Kantischen Strafrechtslehre, in: Reinhard Brandt, Hrsg., Rechtsphilosophie der Aufklärung, Berlin/New York 1982, 399-423
Ostendorf, H., Jugendgerichtsgesetz, Kommentar, 6. Auflage 2003
Otto, H.-J., Generalprävention und externe Verhaltenskontrolle, Freiburg 1982

Paton, H.J., Der Kategorische Imperativ, Berlin 1962
Pelikan, Ch., Über Mediationsverfahren, in: dies., Hrsg., Mediationsverfahren, Baden-Baden 1999, 11-28
Perkins, L.H., Suggestion for a Justification of Punishment, in: Ethics 1970, S. 55 ff.
Pitcher, G., Hart on Action and Responsibility, in: The Philosophical Review 69/1960, S. 226-235; übersetzt als »Handlung und Verantwortung bei Hart«, in: G. Meggle, Hrsg., Analytische Handlungstheorie, Bd. 1, Frankfurt/Main 1977, S. 225-238
Pollard, S., Der klassische Utilitarismus. Einflüsse, Entwicklungen, Folgen, in: Gähde, Ulrich/Schrader, Wolfgang H., Hrsg., Der klassische Utilitarismus, Berlin 1992, S. 10-33
Pollock, L., The Principle of Consequences, in: Philosophical Studies 1977, S. 385-389
Ponschab, R./Dendorfer, R., Mediation in der Arbeitswelt - eine ökonomisch sinnvolle Perspektive, Beilage zu BB 6/2001, S. 1 ff
Popper, K., Die offene Gesellschaft und ihre Feinde, Bd. I, Der Zauber Platons, Bern 1957
Pott, Die Außerkraftsetzung der Legalität durch das Opportunitätsdenken in den Vorschriften der §§ 154, 154a StPO, 1996
Prütting, H., Schlichten statt Richten? JZ 1985, S. 261 ff
Pufendorf, S., De iure naturae et gentium Libri VIII, Frankfurt/Main 1680
Reyes, Y., Theoretische Grundlagen der objektiven Zurechnung, in: Zeitschrift für die gesamte Strafrechtswissenschaft 105/1993, S. 108-136
Riedel, M., Handlungstheorie als ethische Grunddisziplin. Analytische und hermeneutische Aspekte der gegenwärtigen Problemlage, in: H. Lenk, Hrsg., Handlungstheorien interdisziplinär, Bd. II,1, München 1978, S. 139-159
Risse, J., Wirtschaftsmediation, NJW 2000, S. 1614 ff.
Risse, J., Die Rolle des Rechts in der Wirtschaftsmediation, in: Beilage 9 zu BB Heft 27/1999, S. 1 ff.
Rönnau, Die Absprache im Strafprozeß, 1990
Röpke, J., Die Strategie der Innovation, Tübingen 1977
Rössner, D., Wiedergutmachen statt Übelvergelten, in: Marks, Erich/Rössner, Dieter, Täter-Opfer-Ausgleich, Bonn 1989, 7-41
Rössner, D./Klaus, Th., Rechtsgrundlagen und Rechtspraxis, in: Täter-Opfer-Ausgleich in Deutschland. Bestandsaufnahme und Perspektiven, hrsg. vom Bundesministerium der Justiz, Mönchengladbach 1998, 49-119
Rössner, D., Täter-Opfer-Ausgleich und Konfliktverarbeitung - mehr als nur ein Diversionskonzept für Bagatellkriminalität, in: DVJJ, Hrsg., Mehrfach Auffällige - Mehrfach Betroffene, Bonn 1990, 490-504

Roxin, C., Strafrecht, Allgemeiner Teil Bd. I, Grundlagen, Der Aufbau der Verbrechenslehre
Sandermann, E., Die Moral der Vernunft. Transzendentale Handlungs- und Legitimationstheorie in der Philosophie Kants, Freiburg/München 1989
Schaffstein, F./Beulke, W., Jugendstrafrecht, Stuttgart u.a.
Schild, W., Über die Schwierigkeit, zur Schuld(lehre) im Strafrecht Nein oder Ja zu sagen, in: Müller, Siegfried/Otto, Hans-Uwe, Hrsg., Damit Erziehung nicht zur Strafe wird, Bielefeld 1986, 29-44
Schmidhäuser, E., Was ist aus der finalen Handlungslehre geworden?, in: JuristenZeitung 41/1986, S. 109-116
Schneider, H.J., Einführung in die Kriminologie, Berlin/New York 1993
Schöbel, H., Verhandlungsmanagement und Mediation in der Juristenausbildung, JuS 2000, S. 372 ff
Schofield, Th., Jeremy Bentham und die englische Jurisprudenz im 19. Jahrhundert, in: Gähde, Ulrich/Schrader, Wolfgang H., Hrsg., Der klassische Utilitarismus, Berlin 1992, S. 34-82
Schönke/Schröder/Eser, Strafgesetzbuch Kommentar
Schüler-Springorum, H., Zur Fortentwicklung des Behandlungsgedankens im Strafvollzug, in: Schwind, H.-D./Steinhilper, G./Böhm, A., Hrsg., 10 Jahre Strafvollzugsgesetz, Heidelberg 1988, S. 124 ff.
Sessar, K., Wiedergutmachung vor, im oder statt dem Strafrecht, in: Hammerschick, Walter, Hrsg., Ausweg aus dem Strafrecht - der außergerichtliche Tatausgleich, Baden-Baden 1994, 31-46
Sharpe, R.A., Solid Joys or Fading Pleasures, in: Schaper, Eva, ed., Pleasure, Preference and Value, Cambridge 1983, S. 86-98
Soyer, R., Strafprozeß und Tatausgleichsverfahren im Spannungsfeld von divergierenden Wahrheitsansprüchen, in: Hammerschick, Walter, Hrsg., Ausweg aus dem Strafrecht - der »außergerichtliche Tatausgleich, Baden-Baden 1994, 191-198
Stadler, A., Außergerichtliche obligatorische Streitschlichtung - Chance oder Illusion? NJW 1998, S. 2479 ff
Stigler, G.J., The Optimum Enforcement of Laws, in: G.St. Becker, Hrsg., Essays in the Economics of Crime and Punishment, New York/London 1974, S. 55 ff
Stratenwerth, G., Was leistet die Lehre von den Strafzwecken?, Berlin/New York 1995
Ten, C.L., Crime, Guilt, and Punishment, Oxford 1987
Trapp, R.W., »Nicht-klassischer« Utilitarismus, Frankfurt/Main 1988.
Tscherwinka, Absprachen im Strafprozeß, 1995
Vester, F., Neuland des Denkens. Vom technokratischen zum kybernetischen Zeitalter, München 1991

Vester, F., Unsere Welt - ein vernetztes System, Stuttgart 1978
Wagner, G., Alternative Streitbeilegung und Verjährung, NJW 2001, S. 182 ff
Wagner, G., Obligatorische Streitschlichtung im Zivilprozeß: Kosten, Nutzen, Alternativen, JZ 1998, S. 836 ff
Walker, N., Even More Varieties of Retribution, in: Philosophy 74/1999, pp. 595-605
Walker, A.D.M., Negative Utilitarianism, in: Mind 1974, S. 424-428
Walther, S., Eigenverantwortlichkeit und strafrechtliche Zurechnung, Diss. Freiburg 1990
Weigend, Th., Anmerkung zu OLG Hamburg, in: JR 1990, S. 29 ff
Welzel, H., Das neue Bild des Strafrechtssystems«, Göttingen 1961
Welzel, H., Studien zum System des Strafrechts, in: Zeitschrift für die gesamte Strafrechtswissenschaft 58/1939, S. 491-566
Welzel, H., Das deutsche Strafrecht, 11. Auflage, Berlin 1969
White, M., The Question of Free Will. A Holistic View, Princeton 1994
Winch, P., Die Idee der Sozialwissenschaft und ihr Verhältnis zur Philosophie, Frankfurt/Main 1966
Wolf, J.-C., Utilitarismus, Pragmatismus und kollektive Verantwortung, Freiburg 1993
Zielcke, A., Die symbolische Natur des Rechts, Berlin 1980

FRANKFURTER KRIMINALWISSENSCHAFTLICHE STUDIEN

Band 1 Peter Böning: Die Lehre vom Unrechtsbewußtsein in der Rechtsphilosophie Hegels 100 S., 1978.

Band 2 Wolfgang Schneider: Kriminelle Straßenverkehrsgefährdung (§ 315c Abs. 1 Ziff. 2, Abs. 3 StGB). Eine kriminologische und strafrechtliche Untersuchung zur Problematik dieser Verkehrsstraftaten unter Berücksichtigung ausländischer Rechte. 342 S., 1978.

Band 3 Lothar Kuhlen: Die Objektivität von Rechtsnormen. Zur Kritik des radikalen labeling approach in der Kriminalsoziologie. 178 S., 1978.

Band 4 Günther Grewe: Straßenverkehrsdelinquenz und Marginalität. Untersuchungen zur institutionellen Regelung von Verhalten. 148 S., 1978.

Band 5 Dieter Haberstroh: Strafverfahren und Resozialisierung. Eine Studie über Verstehen und Nicht-Verstehen, über Verstanden-Werden und Nicht-Verstanden-Werden und deren Bedingungen in der Hauptverhandlung. 202 S., 1979.

Band 6 Thomas Vogt: Die Forderungen der psychoanalytischen Schulrichtungen für die Interpretation der Merkmale der Schuldunfähigkeit und der verminderten Schuldfähigkeit (§§ 51 a.F., 20, 21 StGB). 182 S., 1979.

Band 7 Andreas Michael: Der Grundsatz in dubio pro reo im Strafverfahrensrecht. Zugleich ein Beitrag über das Verhältnis von materiellem Recht und Prozeßrecht. 214 S., 1981.

Band 8 Ilias G. Anagnostopoulos: Haftgründe der Tatschwere und der Wiederholungsgefahr (§§ 112 Abs. 3, 112 a StPO). Kriminalpolitische und rechtssystematische Aspekte der Ausweitung des Haftrechts. 1984.

Band 9 Helga Müller: Der Begriff der Generalprävention im 19. Jahrhundert. Von P.J.A. Feuerbach bis Franz v. Liszt. 1984.

Band 10 Frowin Jörg Kurth: Das Mitverschulden des Opfers beim Betrug. 1984.

Band 11 Martin J. Worms: Die Bekenntnisbeschimpfung im Sinne des § 166 Abs. 1 StGB und die Lehre vom Rechtsgut. 1984.

Band 12 Jong-Dae Bae: Der Grundsatz der Verhältnismäßigkeit im Maßregelrecht des StGB. 1985.

Band 13 Helmut Fünfsinn: Der Aufbau des fahrlässigen Verletzungsdelikts durch Unterlassen im Strafrecht. 1985.

Band 14 Christoph Krehl: Die Ermittlung der Tatsachengrundlage zur Bemessung der Tagessatzhöhe bei der Geldstrafe. 1985.

Band 15 Walter-Hermann Kiehl: Strafrechtliche Toleranz wechselseitiger Ehrverletzungen - Zur ratio legis der §§ 199, 233 Strafgesetzbuch -. 1986.

Band 16 Matthias Krahl: Die Rechtsprechung des Bundesverfassungsgerichts und des Bundesgerichtshof zum Bestimmtheitsgrundsatz im Strafrecht (Art. 103 Abs. 2 GG). 1986.

Band 17 Patrick Carroll Campbell: § 220a StGB. Der richtige Weg zur Verhütung und Bestrafung von Genozid? 1986.

Band 18 Winfried Hassemer (Hrsg.): Strafrechtspolitik. Bedingungen der Strafrechtsreform. 1987.

Band 19 Felix Herzog: Prävention des Unrechts oder Manifestation des Rechts. Bausteine zur Überwindung des heteronom-präventiven Denkens in der Strafrechtstheorie der Moderne. 1987.

Band 20 Astrid Michalke-Detmering: Die Mindestanforderungen an die rechtliche Begründung des erstinstanzlichen Strafurteils. Zur Auslegung des § 267 StPO. 1987.

Band 21 Lothar Kuhlen: Die Unterscheidung von vorsatzausschließendem und nichtvorsatzausschließendem Irrtum. 1987.

Band 22 Michael Buttel: Kritik der Figur des Aufklärungsgehilfen im Betäubungsmittelstrafrecht (§ 31 BtMG). 1988.

Band 23 Matthias Kögler: Die zeitliche Unbestimmtheit freiheitsentziehender Sanktionen des Strafrechts. Eine vergleichende Untersuchung zur Rechtslage und Strafvollstreckungspraxis in der Bundesrepublik Deutschland und den USA. 1988.

Band 24 Klaus Lüderssen/Cornelius Nestler-Tremel/Ewa Weigend(Hrsg.): Modernes Strafrecht und ultima-ratio-Prinzip. 1990.

Band 25 Jürgen Taschke: Die behördliche Zurückhaltung von Beweismitteln im Strafprozeß. 1989.

Band 26 Daniela Westphalen: Karl Binding (1841-1920). Materialien zur Biographie eines Strafrechtsgelehrten. 1989.

Band 27 Sigrid Jans: Die Aushöhlung des Klageerzwingungsverfahrens. 1990.

Band 28 Dimitris Spirakos: Folter als Problem des Strafrechts. Kriminologische, kriminalsoziologische und (straf-)rechtsdogmatische Aspekte unter besonderer Berücksichtigung der Folterschutzkonvention und der Pönalisierung der Folter in Griechenland. 1990.

Band 29 Stephan Moll: Strafrechtliche Aspekte der Behandlung Opiatabhängiger mit Methadon und Codein. 1990.

Band 30 Stefan Werner: Wirtschaftsordnung und Wirtschaftsstrafrecht im Nationalsozialismus. 1991.

Band 31 Xanthi Bassakou: Beiträge zur Analyse und Reform des Absehens von Strafe nach § 60 StGB. 1991.

Band 32 Rainer Runte: Die Veränderung von Rechtfertigungsgründen durch Rechtsprechung und Lehre. Moderne Strafrechtsdogmatik zwischen Rechtsstaatsprinzip und Kriminalpolitik. 1991.

Band 33 Olaf Hohmann: Das Rechtsgut der Umweltdelikte. Grenzen des strafrechtlichen Umweltschutzes. 1991.

Band 34 Klaus Jochen Müller: Das Strafbefehlsverfahren (§§ 407 ff. StPO). Eine dogmatisch-kriminalpolitische Studie zu dieser Form des schriftlichen Verfahrens unter besonderer Berücksichtigung der geschichtlichen Entwicklung – zugleich ein Beitrag zum StVÄG 1987. 1993

Band 35 Sang-Don Yi: Wortlautgrenze, Intersubjektivität und Kontexteinbettung. Das strafrechtliche Analogieverbot. 1991.

Band 36 Birgit Malsack: Die Stellung der Verteidigung im reformierten Strafprozeß. Eine rechtshistorische Studie anhand der Schriften von C. J. A. Mittermaier. 1992.

Band 37 Rüdiger Schäfer: Die Privilegierung des "freiwillig-positiven" Verhaltens des Delinquenten nach formell vollendeter Straftat. Zugleich ein Beitrag zum Grundgedanken des Rücktritts vom Versuch und zu den Straftheorien. 1992.

Band 38 Cornelius Nestler-Tremel: AIDS und Strafzumessung. 1992.

Band 39 Christine Gutmann: Freiwilligkeit und (Sozio-)Therapie – notwendige Verknüpfung oder Widerspruch? 1993.

Band 40 Walter Kargl: Der strafrechtliche Vorsatz auf der Basis der kognitiven Handlungstheorie. 1993.

Band 41 Jürgen Rath: Zur strafrechtlichen Behandlung der aberratio ictus und des error in objecto des Täters. 1993.

Band 42 Martin Fischer: Wille und Wirksamkeit. Eine Untersuchung zum Problem des *dolus alternativus*. 1993.

Band 43 Regina Harzer: Der Naturzustand als Denkfigur moderner praktischer Vernunft. Zugleich ein Beitrag zur Staats- und Rechtsphilosophie von Hobbes und Kant. 1994.

Band 44 Helmut Pollähne: Lockerungen im Maßregelvollzug. Eine Untersuchung am Beispiel der Anwendung des nordrhein-westfälischen Maßregelvollzugsgesetzes im Westfälischen Zentrum für Forensische Psychiatrie (Lippstadt). 1994.

Band 45 Hans-Joachim Leonhardt: Rechtsmittelermessen der Staatsanwaltschaft. Eine Gegenüberstellung von § 296 StPO mit Nummern 147 und 148 Richtlinien für das Strafverfahren und das Bußgeldverfahren (RiStBV). 1994.

Band 46 Rolf Grünebaum: Zur Strafbarkeit des Therapeuten im Maßregelvollzug bei fehlgeschlagenen Lockerungen. 1996.

Band 47 Barbara Bialas: Promille-Grenzen, Vorsatz und Fahrlässigkeit. 1996.

Band 48 Christine Pott: Die Außerkraftsetzung der Legalität durch das Opportunitätsdenken in den Vorschriften der §§ 154, 154a StPO. Zugleich ein Beitrag zu einer kritischen Strafverfahrensrechtstheorie. 1996.

Band 49 Wolfgang Köberer: *Iudex non calculat*. Über die Unmöglichkeit, Strafzumessung sozialwissenschaftlich-mathematisch zu rationalisieren. 1996.

Band 50 Institut für Kriminalwissenschaften Frankfurt a.M. (Hrsg.): Vom unmöglichen Zustand des Strafrechts. 1995.

Band 51 Petra Kamberger: Treu und Glauben (§ 242 BGB) als Garantenstellung im Strafrecht? 1996.

Band 52 Anastassios Triantafyllou: Das Delikt der gefährlichen Körperverletzung (§ 223a StGB) als Gefährdungsdelikt. (Zugleich ein Beitrag zur Dogmatik der Gefährdungsdelikte). 1996.

Band 53 Norbert Kissel: Aufrufe zum Ungehorsam und § 111 StGB. Grundrechtlicher Einfluß bei der Feststellung strafbaren Unrechts. 1996.

Band 54 Susanne Ehret: Franz von Liszt und das Gesetzlichkeitsprinzip. Zugleich ein Beitrag wider die Gleichsetzung von Magna-charta-Formel und Nullum-crimen-Grundsatz. 1996.

Band 55 Stefan Braum: Geschichte der Revision im Strafverfahren von 1877 bis zur Gegenwart. Zugleich eine Kritik der Kontinuität politischer Macht im Recht. 1996.

Band 56 Katja Diel: Das Regreßverbot als allgemeine Tatbestandsgrenze im Strafrecht. 1997.

Band 57 Christoph Koller: Die Staatsanwaltschaft – Organ der Judikative oder Exekutivbehörde? Die Stellung der Anklagebehörde und die Gewaltenteilung des Grundgesetzes. 1997.

Band 58 Frank Schößler: Anerkennung und Beleidigung. Rechtsgut und Strafzweck des § 185 StGB. 1997.

Band 59 Regina Engelstädter: Der Begriff des Unfallbeteiligten in § 142 Abs. 4 StGB. Zugleich eine Kritik an aktuellen Zurechnungslehren. 1997.

Band 60 Jörg Reinhardt: Der Ausschluß und die Ablehnung des befangen erscheinenden Staatsanwaltes. 1997.

Band 61 Jens Christian Müller-Tuckfeld: Integrationsprävention. Studien zu einer Theorie der gesellschaftlichen Funktion des Strafrechts. 1998.

Band 62 Peter Maria Rohe: Verdeckte Informationsgewinnung mit technischen Hilfsmitteln zur Bekämpfung der Organisierten Kriminalität. Zugleich eine rechtsvergleichende Analyse der polizeilichen Abhörbefugnisse in den U.S.A. 1998.

Band 63 Dirk Fabricius: Was ein Lehrbuch lehrt ... Eine exemplarische Untersuchung von Jakobs *Strafrecht – Allgemeiner Teil*. 1998.

Band 64 Stefan Sinner: Der Vertragsgedanke im Strafprozeßrecht. 1999.

Band 65 Sebastian Schattenfroh: Die Staatsphilosophie Giovanni Gentiles und die Versuche ihrer Verwirklichung im faschistischen Italien. 1999.

Band 66 Athanassia Dionyssopoulou: Der Tatbestand der Geldwäsche. Eine Analyse der dogmatischen Grundlagen des § 261 StGB. 1999.

Band 67 Klaus von Lampe: *Organized Crime*. Begriff und Theorie organisierter Kriminalität in den USA. 1999.

Band 68 Christian Hanssen: "Trennung der Märkte". Rechtsdogmatische und rechtspolitische Probleme einer Liberalisierung des Drogenstrafrechts. 1999.

Band 69 Institut für Kriminalwissenschaften und Rechtsphilosophie Frankfurt a.M. (Hrsg.): Irrwege der Strafgesetzgebung. 1999.

Band 70 Konstantinos Chatzikostas: Die Disponibilität des Rechtsgutes Leben in ihrer Bedeutung für die Probleme von Suizid und Euthanasie. 2000.

Band 71 Bettina Wirmer-Donos: Die Strafrechtstheorie Karl Christian Friedrich Krauses als theoretische Grundlage des spanischen Korrektionalismus. 2001.

Band 72 Christine Löw: Die Erkundigungspflicht beim Verbotsirrtum nach § 17 StGB. 2001.

Band 73 Florian Ufer: Der Verwertungswiderspruch in Theorie und Praxis. Prozessuale Obliegenheiten des Verteidigers und ihre Bedeutung für die Rechtsposition des Beschuldigten. 2002.

Band 74 Katja Melzer: Psychisch kranke Straftäterinnen. Frauen im Maßregelvollzug. 2001.

Band 75 Gregor Kuntze-Kaufhold: Lebenswelt und Unparteilichkeit. Kriterien für eine Rechtsanwendungslehre am Beispiel der Analyse von fünf Hauptverhandlungen in Strafverfahren. 2002.

Band 76 Iris Kristina Passek: Die erstinstanzliche Zuständigkeit der Oberlandesgerichte in Staatsschutzstrafsachen. Historische Entwicklung und aktuelle Probleme. 2002.

Band 77 Michael Krebs: Die Weisungsgebundenheit des Staatsanwalts unter besonderer Berücksichtigung des rechtstatsächlichen Aspekts. 2002.

Band 78 Kerstin Degenhardt: Europol und Strafprozeß. Die Europäisierung des Ermittlungsverfahrens. 2003.

Band 79 Domenico Siciliano: Das Leben des fliehenden Diebes: Ein strafrechtliches Politikum. 2003.

Band 80 Marc Colussi: Produzentenkriminalität und strafrechtliche Verantwortung. 2003.

Band 81 Thilo Lars Hild: Grenzen einer strafrechtlichen Regulierung des Kapitalmarktes. Eine kriminalrechtliche Untersuchung von Börsengängen und Aktienhandel in Deutschland und den USA. 2004.

Band 82 Philipp Rau: Schweigen als Indiz der Schuld. Ein Vergleich des deutschen und englischen Rechts zur Würdigung des Schweigens des Beschuldigten. 2004.

Band 83 Alexandra Pfeiffer: Die Regelung der Lebendorganspende im Transplantationsgesetz. 2004.

Band 84 Elena Fischer: Recht auf Sterben?! Ein Beitrag zur Reformdiskussion der Sterbehilfe in Deutschland unter besonderer Berücksichtigung der Frage nach der Übertragbarkeit des Holländischen Modells der Sterbehilfe in das deutsche Recht. 2004.

Band 85 Jörg Ziethen: Grundlagen probabilistischer Zurechnung im Strafrecht. 2004.

Band 86 Stefanie Schork: Ausgesprochen schuldig. Dogmatische und metadogmatische Untersuchungen zum Schuldspruch. 2005.

Band 87 Claudia Schubert: Verbotene Worte? Versuch einer Neubestimmung im Umgang mit rassistischen Äußerungen jenseits des Strafrechts. 2005.

Band 88 Ulfrid Neumann / Cornelius Prittwitz (Hrsg.): Kritik und Rechtfertigung des Strafrechts. 2005.

Band 89 Denis Basak: Die Zuständigkeitsregeln internationaler Strafgerichte und Art. 101 GG. Zum Verhältnis der deutschen Strafgerichtsbarkeit zu den Internationalen Tribunalen für Jugoslawien und Ruanda sowie zum Ständigen Internationalen Strafgerichtshof. 2005.

Band 90 Hsiao-Wen Wang: Der universale Strafanspruch des nationalen Staates. Eine Untersuchung über das Weltrechtsprinzip im Internationalen Strafrecht. 2005.

Band 91 Leonie Frenz: Faktizität des Rechts in der forensischen Psychiatrie. Eine Untersuchung im LKH Moringen. 2005.

Band 92 Eva-Maria Unger: Schutzlos ausgeliefert? Der Europäische Haftbefehl. Ein Beispiel für die Missachtung europäischer Bürgerrechte. 2005.

Band 93 Marcus Bastelberger: Die Legitimität des Strafrechts und der *moralische Staat*. Utilitaristische und retributivistische Strafrechtsbegründung und die rechtliche Verfassung der Freiheit. 2006.

Band 94 Marc Reiß: Rechtliche Aspekte der Präimplantationsdiagnostik. Unter besonderer Berücksichtigung der Rechte der von einem Verbot betroffenen Paare. 2006.

Band 95 Alexander Kolz: Einwilligung und Richtervorbehalt. 2006.

www.ingramcontent.com/pod-product-compliance
Ingram Content Group UK Ltd.
Pitfield, Milton Keynes, MK11 3LW, UK
UKHW021902290926
8980IPUK00015B/1006

9 783631 550083